CONSTRUINDO A
FELICIDADE

A CIÊNCIA DE SER FELIZ
APLICADA NO DIA A DIA

MARIA TEREZA MALDONADO

CONSTRUINDO A
FELICIDADE

A CIÊNCIA DE SER FELIZ APLICADA NO DIA A DIA

DIREÇÃO EDITORIAL:

Marlos Aurélio

CONSELHO EDITORIAL:

Fábio E. R. Silva
Márcio Fabri dos Anjos
Mauro Vilela

COPIDESQUE E REVISÃO:

Luiz Filipe Armani
Pedro Paulo Rolim Assunção

DIAGRAMAÇÃO:

Tatiana Alleoni Crivellari

CAPA:

Fábio Kato

Copyright © 2017 by Maria Tereza Maldonado
Todos os direitos em língua portuguesa, para o Brasil,
reservados à Editora Ideias & Letras, 2018.

3ª impressão

Rua Barão de Itapetininga, 274
República - São Paulo /SP
Cep: 01042-000 – (11) 3862-4831
Televendas: 0800 777 6004
vendas@ideiaseletras.com.br
www.ideiaseletras.com.br

Dados Internacionais de Catalogação na Publicação (CIP)
(Câmara Brasileira do Livro, SP, Brasil)

Construindo a felicidade: a ciência de ser feliz aplicada no dia a dia/Maria Tereza
Maldonado
São Paulo: Ideias & Letras, 2017.
Bibliografia.
ISBN 978-85-5580-030-6
1. Bem-estar 2. Conduta de vida 3. Felicidade I. Título.

17-08277   CDD-158.1

Índice para catálogo sistemático:
1. Felicidade: Psicologia aplicada 158.1

Dedico este livro à minha família,
aos meus amigos e às pessoas com quem
conversei sobre a construção da felicidade.

SUMÁRIO

I. O que aprendi escrevendo este livro

Todos nós queremos ser felizes	11
Muitas felicidades	23
Psicologia Positiva e a ciência da felicidade	27
Respirar, meditar, treinar a mente	32
O poder do toque e da massagem	36

II. Tecendo a infelicidade

Valorizar o que falta, e não o que tem	43
Que tipo de pensamentos você nutre?	46
A falsa felicidade nas redes sociais	51
Tristeza não tem fim, felicidade sim. Será?	55
Apegar-se ao passado é fonte de infelicidade	59
Amor, desamor, esperança, felicidade	63
O que de melhor você pode fazer por você?	68

III. Caminhos para a felicidade

Perdoar para transformar a raiva e a mágoa	75
Dinheiro traz felicidade?	79
Ser bem-sucedido é ser feliz?	82
Saborear os bons momentos	84
A fé que alimenta a esperança	88
Encontrar sentido no sofrimento	90
Felicidade é encontrar o sentido da vida	95
A alegria de ajudar os outros	98
A felicidade de amar e de cuidar	102
Felicidade é construir bons relacionamentos	107
Ser feliz cultivando paciência, empatia e gratidão	112

IV. Construindo o bem-estar coletivo

É possível construir o bem-estar coletivo?	117
Quem vive em países ricos é mais feliz?	121

V. Palavras finais

É possível aprender a ser mais feliz	129

Referências

133

I

O que aprendi escrevendo este livro

Todos nós queremos ser felizes

Escrevi algumas dezenas de livros até decidir escrever sobre felicidade, embora meu trabalho como psicoterapeuta, consultora e palestrante seja contribuir para que as pessoas vivam melhor consigo mesmas e com os outros. Curiosamente, a ideia inicial da imensa maioria dos mais de 40 livros que já escrevi nasceu do inesperado. É como se eu fosse fecundada de surpresa, sem planejamento. Então, acolho com alegria essa gestação e começo a tecer pensamentos, pesquisar sobre o tema, conversar com diversas pessoas. O embrião do novo livro começa a evoluir e se avoluma dentro de mim. Escrevo sem pressa, não aceito trabalhar com prazos ou sob pressão. Por isso, o tempo das gestações varia de alguns meses a muitos anos. O título do livro surge quando o "parto" se aproxima.

Foi assim com este livro. Comecei a pesquisar publicações, vídeos, artigos sobre felicidade e bem-estar em diferentes áreas do saber: tradições milenares, Psicologia Positiva, Antropologia, Neurociência, Filosofia, Economia. E, então, surgiu a ideia de entrevistar pessoas de diversas idades e profissões em muitas cidades do Brasil, para onde costumo viajar para dar palestras e para passear (gosto de contemplar a natureza, fazer trilhas, entrar em cachoeiras, nadar no mar, fotografar a beleza do que vejo). No decorrer de dois anos, em dezenas de cidades de todas as regiões do Brasil, entrevistei 190 pessoas entre 12 e 96 anos: estudantes, médicos, artesãs, advogados, cozinheiras, psicólogas, faxineiras, recepcionistas, proprietários de pousadas, lojas e restaurantes, professores, biólogos, donas de casa, músicos, vendedores, camelôs, agricultores, guias de turismo, técnicos ambientais, engenheiros, economistas, fazendeiros, doceiras, artistas plásticos, motoristas, servidores públicos, empresários.

Estruturei a entrevista em torno de algumas perguntas básicas:

1. Há várias maneiras de se sentir feliz. O que é ser feliz para você?
2. Como você constrói essa felicidade no seu dia a dia?
3. Como contribui para que outras pessoas se sintam felizes?
4. Na vida de todos nós há momentos e períodos difíceis e outros nos quais nos sentimos especialmente felizes. Fale sobre um período da sua vida ou um acontecimento em que você se sentiu muito feliz.

Uma das primeiras pessoas que entrevistei foi eu mesma. Para mim, felicidade é aproveitar o presente de cada dia da melhor forma possível e cultivar a serenidade interior para enfrentar as turbulências da vida sem desmoronar. Construo a felicidade desenvolvendo meu olhar para captar a beleza dos pequenos momentos do cotidiano, na ternura do olhar, no gesto de gentileza, no sentimento de gratidão.

A partir das perguntas que orientaram as entrevistas, muitas pessoas expandiram a conversa e fizeram relatos emocionantes sobre suas vidas. Ao refletir sobre nossas trajetórias, vemos que todos nós enfrentamos dificuldades, descobrimos forças que nem sabíamos que tínhamos, criamos novos recursos de ação, aprendemos com os erros, temos sonhos que se concretizam e outros que se frustram, construímos vínculos afetivos que nos nutrem, fazemos e refazemos nossos caminhos não só a partir do que a vida nos apresenta e de como reagimos aos acontecimentos, mas também a partir das escolhas que fazemos e dos pensamentos que tecemos em nossas mentes.

Podemos construir a felicidade e o bem-estar. É essa a ideia central deste livro. Procurei entrelaçar o conteúdo dos estudos que pesquisei com os depoimentos das pessoas com quem conversei. Observei que a maioria dos conceitos teóricos e das conclusões das pesquisas acadêmicas estavam presentes nos depoimentos das pessoas simples, que expressaram a profundidade da sabedoria popular. Por isso, escrevi este livro não só para o público acadêmico como também para as pessoas interessadas em aprimorar a qualidade de suas vidas e de seus relacionamentos.

Aprendi muito escrevendo este livro e espero inspirar meus queridos leitores para ampliar a construção de seu próprio bem-estar e contribuir para que as pessoas com quem convivem se sintam mais felizes. Em todos os tempos e em todos os lugares do mundo, todos nós desejamos ser felizes.

"O que é ser feliz para você?". A primeira pergunta da entrevista revelou um painel bem diversificado de respostas. Quando fiz essa pergunta para um grupo de amigos ao comentar o projeto do livro, ouvi respostas interessantes. Ser feliz é proporcionar boas experiências para si e para outros; Tirar da vida o melhor possível; Relacionar-se bem com a realidade, uma vez que a dor e o sofrimento fazem parte da vida; Libertar-se dos padrões impostos de beleza porque escravizar-se a eles constrói infelicidade; Sonhar, o que nos motiva para agir, fazer metas e cumprir as etapas até chegar onde queremos; Buscar harmonia interior, com o próprio corpo, consigo mesmo; Fazer tempo para estar com quem gostamos; Cultivar otimismo; Não se deixar contaminar por um clima baixo-astral na economia e na política ou pelas crises mundiais; Ter a capacidade de, nos relacionamentos, valorizar o que é semelhante e respeitar as discordâncias; Conseguir "mudar o jogo" – no fundo do poço, encontrar o impulso para subir; Perceber que, mesmo tendo perdido "tudo", temos a nós mesmos.

Para a maior parte dos adolescentes com quem conversei ser feliz é "Fazer o que gosta"; "Estar de bem com a vida"; "Não ligar para a opinião dos outros"; "Fazer o que dá prazer". Muitos mencionaram a importância dos relacionamentos: ser feliz é "Ter uma união emocional com a família e outras pessoas"; "Estar perto de quem gosto, sendo eu mesma"; "Estar com a família e amigos"; "Estar bem com minha família e saber que todos estão bem"; "Estar com quem eu amo, procurando retribuir esse amor". Alguns mencionaram Deus: "Ser feliz não é ter coisas, é ter Deus"; "Por acreditar em Deus, penso que toda a felicidade vem dele".

Alguns adultos também mencionaram Deus em suas definições pessoais de felicidade: "É ter paz, harmonia, fé em Deus"; "Ser feliz é estar ao lado das pessoas que amo, exercendo a profissão que gosto e saber que Deus me ama".

Para algumas pessoas, a felicidade está ligada à coletividade e ao trabalho feito em cooperação. "Para mim, ser feliz é construir algo coletivamente, que não seja somente para meu próprio benefício. Não dá para ser feliz em uma redoma, cuidando só de mim e do meu pequeno núcleo familiar. É gratificante fazer algo que seja bom para muita gente, compartilhar, reconhecer a contribuição dos outros para o todo".

A oportunidade de conhecer pessoas de diferentes contextos é fonte de felicidade para algumas pessoas. "Ser feliz é estar em contato direto com diferentes culturas e pessoas, conhecer um pouco mais do ser humano e da natureza". Morar em cidades que oferecem sensação de segurança, natureza bela, relacionamentos de confiança e de solidariedade também entrou na definição de felicidade para muitas pessoas que entrevistei. "Gosto de São Paulo, mas prefiro morar na Chapada Diamantina porque não aguento viver longe da natureza. Adoro curtir coisas simples e grátis, como pegar os filhos na escola, ir com eles para tomar banho de rio e comer por lá mesmo, aproveitando o tempo livre".

O compromisso com a felicidade norteia a vida de algumas pessoas: "Aconteça o que acontecer, não perco a vontade de sorrir, adoro conversar com pessoas conhecidas e desconhecidas, dançar, ter contato com a natureza, encarar desafios, debater ideias. Eu me sinto feliz até com a perspectiva da morte, por ainda estar na turbulência da vida. Desde pequena eu escolhia as coisas mais agradáveis, mesmo quando passei um longo período doente. Muita gente diz que, quando eu chego, o riso se instala. Acho que transmito a alegria que sinto".

Redimensionar as dificuldades é um recurso para melhor enfrentá-las: "Procuro não me deixar engolir pelos problemas ou maximizá-los. Tento me manter alegre e me divertir indo às rodas de samba, o que considero a melhor terapia para combater o estresse".

A vida vai apresentando oportunidades que podem ser surpreendentes como definição de felicidade. "Aos 70 anos, após uma viagem a Buenos Aires, eu me apaixonei pelo tango e resolvi aprender a dançar. Todas as noites vou para bailes de tango, feliz da vida. Em meu grupo de dança, a mais velha está com 93 anos e descobriu o tango aos 89. Felicidade é dançar tango!".

Há muitos anos trabalho como palestrante em todo o Brasil. Uma das palestras mais inusitadas aconteceu em Uberlândia (MG), na década de 1990, em um projeto da Prefeitura que oferecia vários cursos para pessoas da terceira idade. O evento ocorreu em um estádio de futebol, onde 1.300 idosos ficaram alojados durante três dias, participando de atividades que começavam pela manhã e terminavam com um baile noturno. Fui falar sobre renovação de metas de vida e, a certa altura, convidei o público para dar depoimentos sobre o impacto das novas atividades em suas vidas. Emocionados, muitos relataram como os relacionamentos que faziam e o que aprendiam nos cursos os ajudaram a sair da depressão e do isolamento e até mesmo a superar doenças. "Agora, a farmácia tem prejuízo comigo. Danço, canto no coral, saio com os amigos, não preciso mais tomar remédio nenhum", disse uma das participantes. "Até arrumei namorado, mas terminei quando senti que ele estava querendo tirar a minha liberdade de viúva", disse outra. Felicidade é descortinar novos horizontes, até mesmo em idade avançada.

"Como você contribui para a felicidade dos outros?". Como fui uma das primeiras entrevistadas por mim mesma para essa pesquisa de campo, pensei que contribuo para a felicidade dos outros sendo amável, compreensiva, buscando pontos em comum nas divergências, estimulando o olhar esperançoso e a força para encarar problemas como oportunidades de desenvolvimento. E procuro inspirar boas ideias por meio do que escrevo.

Um grande número de entrevistados respondeu: "Ajudo sempre que necessário"; "Dou apoio para quem está numa situação difícil"; "Transmito minha felicidade"; "Dou conselhos, fico disponível para parentes e amigos"; "Ofereço um abraço gostoso, que promove uma boa troca de energias"; "Ajudo os outros a resolver problemas, mas sem ser muleta"; "Faço doação de alimentos para pessoas pobres"; "Transmito amor, carinho e compaixão, quero que as pessoas saibam que podem contar comigo"; "Ajudo sem querer nada em troca"; "Coloco meus amigos para cima quando estão passando por problemas"; "Tento ser útil para os amigos e a sociedade"; "Sou prestativa, e isso me dá paz de espírito e felicidade".

O trabalho feito com amor também é descrito como meio de proporcionar momentos felizes a outras pessoas: "Quando estou no palco, toco minha sanfona com amor e com vontade. Assim, transmito uma boa energia para as pessoas e recebo delas boas energias também"; "Os turistas que se hospedam em minha pousada dizem que se sentem em casa, são bem acolhidos. Fico feliz em receber as pessoas para que elas se sintam bem"; "Dou o melhor de mim para os meus alunos. Adoro contribuir para o conhecimento, eu me sinto ajudada com isso e aprendo muito também"; "No meu trabalho como recepcionista, gosto de oferecer momentos de delicadeza para facilitar a vida dos outros".

Colaborar com o bem-estar dos outros é fonte de felicidade para alguns entrevistados: "Trabalho muito como diretora de uma escola. Colaboro com as pessoas com as quais eu convivo para que elas se sintam seguras e em paz. Gosto de acalmar as pessoas oferecendo ajuda, inclusive financeira. Com os alunos, ofereço espaço para que se sintam bem e escutem boas mensagens para se desenvolverem como pessoas"; "Como diretora de uma escola pública, valorizo a importância de tratar bem as pessoas, procurando não discriminar. Às vezes, elas precisam de um olhar, principalmente as que são socialmente invisíveis. Olhar para essas pessoas faz bem para mim também".

Ouvi de alguns adolescentes moradores de comunidades e que participam de projetos sociais que colaborar para melhorar a vida dos outros é fonte de alegria: "Sendo faixa amarela, ajudo os iniciantes no judô e outras pessoas que precisam do meu apoio. Quero ajudar os outros a serem felizes, assim como sinto que sou ajudada"; "As aulas de esporte me deixam feliz e com o corpo em forma, mesmo nas fraquezas, levanto a cabeça e sigo em frente. Mesmo quando perco mantenho o sorriso. Meu pai fala que é preciso construir a vida tijolo por tijolo, então vou fazendo minha construção devagar, sendo humilde. Como escoteiro, sempre ajudo os amigos e até os professores, com os alunos portadores de deficiência que estão em minha sala".

A ousadia de abandonar um emprego confortável e enfrentar obstáculos para realizar sonhos faz com que algumas pessoas sintam que podem ajudar outras a fazerem o mesmo e, com isso, se sentirem mais felizes. "Eu não me sentia feliz como professora de educação física, porque meu sonho era viajar para conhecer o mundo. Para realizar esse sonho, comecei a fazer artesanato, o que me permite ter mobilidade e ganhar o mínimo indispensável para meu sustento. Gosto de contar minha história para inspirar pessoas que estão presas dentro de si mesmas, para que se libertem".

E os momentos marcantes de felicidade? Em nossas trajetórias de vida, passamos por bons e maus momentos. Dificuldades, problemas e adversidades "fazem parte do pacote". Quando o tempo disponível era maior, pedi a algumas pessoas que entrevistei para me falar sobre um acontecimento ou período marcante de suas vidas, em que se sentiram especialmente felizes. Encontrei uma variedade interessante de respostas.

"Um acontecimento marcante foi no dia em que completei 19 anos. De surpresa, meu noivo me pediu em casamento aos meus pais. Em seguida, compramos um terreno e ele, com a ajuda de amigos, construirá a casa. Estivemos lá na semana passada para roçar o terreno e ficamos imaginando como seria a casa, o que gostaríamos de colocar lá dentro. Sonhamos com cada detalhe. A gente pretende se casar na igreja, até o final deste ano".

A passagem de uma etapa da vida para outra, que abre novas perspectivas também configura um momento marcante de felicidade. "Minha formatura foi um acontecimento marcante, porque enfrentei muitas dificuldades para fazer faculdade, foi um grande esforço pessoal e de minha família para concretizar esse sonho".

Conseguir emprego e uma casa melhor para morar é momento marcante de felicidade para algumas pessoas. "Consegui construir minha própria casa, depois de esperar muito por isso. Gosto de fotografar as pequenas coisas que encontro no quintal e no caminho para o trabalho, como os cogumelos que brotam depois da chuva. Sinto muita alegria ao observar a grandeza da Criação".

A infância livre de muitos compromissos foi um período marcante de felicidade no relato de muitas pessoas: "A gente chegava da escola, almoçava e ia pegar frutas no quintal do vizinho e tomar banho de rio até o final da tarde. Fiquei infeliz quando minha mãe me mandou para outra escola em Salvador, quando eu fiz 15 anos, achando que seria o melhor para mim. Foi como sair do paraíso, lamentei a perda dos amigos e das brincadeiras".

Em Jericoacoara (CE), tive a oportunidade de conversar longamente com o pescador José Diogo (95), um dos filhos do fundador do vilarejo, lá pelos idos de 1900. Com uma memória impressionante, contou detalhes de nomes, lugares e datas. Quando ele nasceu, a vila tinha 20 moradores que trocavam peixes que havia em abundância por mandioca e frutas. A infância foi um período marcante de felicidade: como não havia escola, ele, os vários irmãos e os amigos passavam o dia brincando na areia e fazendo armadilhas para preás. Também na velhice, sente-se feliz: "Adoro conversar, muita gente chega aqui para entrar em contato comigo. Moro com duas filhas e muitos netos, e outros moram por perto. Sempre tratei bem as pessoas. Se eu maltratasse os outros, ninguém estaria cuidando de mim hoje".

O nascimento de uma nova pessoa na família é frequentemente citado como um momento marcante. "Momento feliz foi o nascimento da minha irmã, quando eu tinha 11 anos. Meus pais se separaram, minha mãe trabalha à noite e eu tomo conta dela, que agora está com 12 anos. Ela vive grudada em mim e me chama de vice-mãe". "Toda a família estava reunida quando veio a notícia. Aquele bebê foi a primeira pessoa de uma nova geração. Agora ele está com dois anos e duas das minhas irmãs estão grávidas".

Várias pessoas mencionaram o nascimento dos filhos como momentos marcantes de felicidade. "Passei por muitas dificuldades e valorizo cada minuto da minha vida. Sou feliz por estar viva e poder cuidar de minha filha, que nasceu quando eu estava com 36 anos. Ninguém é de ninguém, mas o filho é nosso, é a certeza que a gente tem, e isso ninguém nos pode tirar". A superação de graves dificuldades com os filhos também é vivida como momento marcante: "Minha filha caiu na piscina com um ano e meio e, quando a viram, já estava boiando e completamente roxa. Levei-a para o hospital, e a pediatra começou a me preparar para a possibilidade de haver sequelas, caso sobrevivesse, por conta da falta de oxigênio no cérebro. Pouco depois, ela acordou, sentou-se e pediu pizza com Coca-Cola. Fui do desespero à felicidade suprema: ela nasceu de novo. Agora já é adulta, e está ótima".

O convívio familiar construído com harmonia e alegria oferece uma sucessão de momentos marcantes de felicidade: "É bom demais reunir a família extensa para contar histórias, tocar violão e fazer comida em conjunto".

Muitas felicidades

A letra da cantiga popular "Parabéns pra você" deseja ao aniversariante "muitas felicidades". Como as pessoas encontram várias maneiras de serem felizes, podemos considerar que, de fato, existem muitas felicidades, e não apenas uma única definição. É o que também revelam as pesquisas e as reflexões dos pensadores que menciono neste livro.

"Para mim, ser feliz é acordar, abrir os olhos, ver que está tudo bem com a família e pensar no que preciso fazer naquele dia. É espreguiçar, sair da cama, ficar de pé, fazer música. É relaxar e viver. Há várias felicidades. Após os 50, meu olhar passou a ser mais panorâmico, menos exigente com os detalhes, aceitando mais os outros, respeitando o que está acontecendo. A felicidade está ligada à risada, ao bom humor, à capacidade de rir de mim mesmo. Felicidade é dançar esse balé do dia a dia".

"Ser feliz para mim é poder ser feliz de muitas maneiras. Muitas coisas me fazem feliz, tanto aquelas que procuro deliberadamente, quanto as que me encontram e me surpreendem, sem que eu as procure. E então é mais bonito! Crianças me fazem muito feliz. Música também. Estar com amigos, idem. Saber que o mundo é diversificado e que ainda tem muito para eu conhecer e inventar me deixa feliz".

As definições de felicidade variam desde uma sucessão de bons momentos até a construção de um estado interno consistente. "Para mim, a felicidade se define por muitos breves momentos que se acumulam na memória, como as lembranças dos meus filhos quando ainda eram pequenos. Eu me sinto feliz quando estou sozinho, estudando, lendo sobre assuntos que me interessam. O contato com a beleza da natureza também me traz felicidade". "Felicidade é um estado, não uma condição permanente. Busco vários momentos felizes para compensar os mais difíceis. Viajar e adquirir conhecimentos também me trazem felicidade".

Para alguns entrevistados, a felicidade está ligada à construção da individualidade e à realização de desejos: "Ser feliz é me bastar, ficar bem até mesmo se precisar ficar sozinha, porque tenho vida interior"; "Ser feliz é fazer tudo que desejo, não ligar para a opinião dos outros, amar a mim mesma"; "Felicidade é fazer aquilo que eu gosto, estar com quem eu gosto sem precisar agradar a ninguém"; "Procuro fazer o que eu gosto, pois não quero chegar a um ponto da minha vida e me arrepender do que não fiz".

O filósofo espanhol Julián Marías afirma que nossa vida consiste em obter parcelas, ilhas de felicidade, antecipações da felicidade plena. E essa intenção de alcançar a felicidade se nutre de ilusão que, por sua vez, já é uma forma de felicidade. Em seu livro *La felicidad humana*, ele afirma ainda que o ser humano procura a felicidade incessantemente. Tudo o que faz é para alcançar a felicidade, se ainda não a tem, ou para conservá-la se já a possui ou para recuperar pelo menos uma parte se a houver perdido. Segundo Marías, quem sente prazer com facilidade precisa de pouca coisa para ser feliz. A dificuldade de sentir prazer torna a vida insípida, mesmo quando plena de recursos.

O psicólogo americano Martin Seligman, um dos principais pesquisadores da ciência da felicidade, menciona três tipos de felicidade. A primeira é a vida de prazeres, com muita diversão e acontecimentos que geram emoções positivas e o objetivo de aumentar esse prazer. A segunda é a vida de envolvimento, em que a felicidade deriva do trabalho, de criar filhos, de dedicar-se à pessoa amada. A terceira é a vida com um propósito significativo, na qual a pessoa encontra um sentido aplicando suas competências para um objetivo maior do que ela própria, que a transcende. É pensar como pode contribuir, dentro do que faz, para melhorar o mundo e as pessoas. Ele considera que o foco na simples busca do prazer é a forma mais volátil de felicidade. Em contraposição, o envolvimento e a busca do sentido conduzem à satisfação com a vida e à construção mais sólida da felicidade e do bem-estar.

No Relatório Mundial de Felicidade 2016 (*World Happiness Report*), há um trecho que comenta sobre o que diferentes profissionais ressaltam quando estudam os componentes da felicidade: os economistas enfatizam a influência da renda pessoal; os humanistas valorizam o grau de liberdade pessoal; os psicólogos consideram relevantes as características da personalidade e a saúde mental; os sociólogos consideram a relevância do capital social (a rede de relacionamentos) e da confiança na sociedade; os cientistas políticos destacam a ordem constitucional e o combate à corrupção. Isso mostra que a felicidade – individual e coletiva – é multifacetada e não pode ser reduzida a uma única dimensão. É importante integrar as diversas concepções para ter uma visão mais abrangente dos fatores que facilitam a construção da felicidade e do bem-estar.

Psicologia Positiva e a ciência da felicidade

Em linhas gerais, a chamada Psicologia Positiva estuda a felicidade para reduzir o sofrimento causado pela angústia, depressão, paranoias, obsessões e outras perturbações mentais. É não olhar apenas o que está mal e prestar atenção no que está funcionando bem para que a vida fique melhor ainda. É colocar o foco no desenvolvimento pessoal, e não na patologia. É criar condições para que pessoas com uma saúde mental razoável consigam viver com mais felicidade e se sintam mais realizadas. Que vida vale a pena viver? Quais são as condições necessárias para o ser humano florescer?

O psicólogo americano Martin Seligman foi o fundador dessa abordagem, no final da década de 1990, enquanto era presidente da Associação Americana de Psicologia. Questionou a ênfase da psicologia tradicional no estudo da doença mental e nos tratamentos psicoterápicos. Disse que, apesar dos problemas, as pessoas fazem escolhas, tomam decisões e superam dificuldades. E há pessoas que navegam pela vida razoavelmente bem apesar de encontrarem múltiplas dificuldades.

Seligman, juntamente com outros psicólogos, entre os quais Nancy Etcoff, Dan Gilbert, Mihaly Csikszentmihalyi, definiram os pilares da Psicologia Positiva:

1. Focalizar as competências das pessoas, e não somente os seus pontos fracos;
2. Preocupar-se em estimular a força e ampliar os recursos, e não apenas em reparar os danos;

3. Criar condições para que a vida das pessoas normais seja plena de realizações, estimulando o desenvolvimento dos talentos de cada uma.

Portanto, passar da tendência a "consertar o que está dando errado com as pessoas" para "identificar e aprimorar o que está dando certo" foi o ponto de partida para a proliferação dos estudos para entender a natureza da felicidade e do bem-estar. Esses deixaram de ser considerados apenas como fórmulas de autoajuda e passaram a despertar o interesse da comunidade acadêmica, na medida em que se evidenciou que a felicidade traz enormes benefícios para as pessoas.

As pesquisas em neurociência mostram que tudo o que sentimos e pensamos modifica as conexões entre os neurônios. Essa área do conhecimento mostra que é possível nos treinarmos para a felicidade, da mesma forma que treinamos nossa habilidade para falar outros idiomas ou para jogar futebol.

E por que fazer tantos estudos sobre a felicidade? Para o historiador americano Darrin McMahon, autor de *Happiness: a history*, a busca da felicidade é tão antiga quanto a própria História. Ressalta que, nos últimos séculos, a felicidade passou a ser considerada um direito natural e, para alguns, até mesmo uma obrigação. Isso reflete o aumento de expectativa das pessoas em alcançar a felicidade na vida terrena, sem esperar por um paraíso após a morte como recompensa pelas boas ações praticadas. Na Declaração da Independência dos Estados Unidos, de 1776, encontra-se o "direito à vida, à liberdade e à busca da felicidade". No Brasil, a chamada "PEC da Felicidade" propôs, em 2010, uma emenda à Constituição de 1988 defendendo a ideia de que a felicidade é um direito social. E a busca da felicidade só é possível quando os direitos sociais estão garantidos.

Há muitas perguntas que estimulam os pesquisadores, como por exemplo: Por que tantas pessoas que possuem muitos bens materiais se sentem infelizes? Quais as características das pessoas felizes? Essas qualidades podem ser aprendidas? Quais os benefícios para a saúde física quando aprendemos a ser mais felizes? Que ações, comportamentos e tipos de pensamentos podem nos tornar mais produtivos no trabalho, mais felizes em nossos relacionamentos e mais realizados em nossas vidas?

Em 2006, o psicólogo israelense Tal Ben-Shahar começou a oferecer, na Universidade de Harvard (EUA), um curso sobre Psicologia Positiva e a ciência da felicidade para ensinar como viver uma vida mais plena. Em pouco tempo, tornou-se o curso mais solicitado dessa universidade. Começa a primeira aula dizendo que precisamos reconhecer e aceitar nossa humanidade: sentimos raiva, tristeza, angústia, inveja, tudo. Quando negamos, censuramos ou reprimimos sentimentos eles se intensificam. Quando aceitamos as emoções dolorosas ou negativas, elas se transformam. Tudo o que sentimos faz parte da nossa natureza humana. Criar a expectativa de se sentir feliz o tempo todo gera frustração e infelicidade, porque sempre passamos por altos e baixos, momentos tristes e épocas difíceis.

Outro tópico importante do curso de Tal Ben-Shahar é aprender a lidar com o estresse, que se tornou uma epidemia global. O ciclo sobrecarga-estresse-depressão precisa ser rompido. O estresse prejudica nossa saúde física e emocional, além de prejudicar a produtividade e a criatividade.

Para evitar o estresse crônico – ele diz – é preciso simplificar a vida, concentrar-se no que realmente importa, evitar ser multitarefas, acreditar que ter tempo para disfrutar o convívio com as pessoas queridas é melhor do que ter muito dinheiro.

Em suas aulas, Tal Ben-Shahar enfatiza a importância de cuidar da conexão mente-corpo: fazer exercícios físicos regularmente, dormir bem e comer alimentos saudáveis. Esses são os remédios mais eficazes para combater a depressão. O que fazemos ou deixamos de fazer com nosso corpo influencia nossa mente.

Além disso, a prática de meditar regularmente também é benéfica, nos torna mais saudáveis e mais felizes. Isso envolve a qualidade da respiração. Quando estamos tensos e ansiosos, a respiração é rápida e superficial. Criar o hábito de respirar fundo três vezes em alguns momentos do dia ajuda a manter o bem-estar.

Outras universidades americanas passaram a oferecer o curso, despertando o interesse de milhares de pessoas. A Universidade de Stanford é uma delas. Lá, o psicólogo americano Fred Luskin oferece o curso sobre felicidade ao alcance de todos. Afirma que o desejo "Quero ser mais feliz" precisa vir junto da decisão "Vou agir para alcançar isso".

Como Tal Ben-Shahar, Luskin considera que respirar fundo e pensar em algo positivo é uma das melhores maneiras de acalmar o sistema nervoso, que precisa ser "reiniciado", alternando períodos de atividade com repouso. Assim como o corpo, nossa mente precisa de repouso para funcionar da melhor forma possível. A atividade incessante nos torna menos produtivos e menos criativos. Fazer coisas demais não nos torna mais felizes.

Para Luskin, a psicoterapia deve estimular a aprendizagem de valores tais como gentileza, solidariedade, compaixão, capacidade de perdoar. Isso torna as pessoas mais felizes. Diz ainda que as pessoas infelizes ignoram os presentes da vida, e focalizam nas queixas e lamentações. Muitas pessoas geram negatividade em si próprias quando intensificam queixas e reclamações contra tudo e todos, sem perceber os efeitos negativos sobre si mesmas. Tornam os problemas maiores do que realmente são. Pessoas felizes não reclamam muito, não superdimensionam seus problemas.

Respirar, meditar, treinar a mente

O curso *on-line Mindfulness for Wellbeing and Peak Performance*, da Universidade de Monash, de Melbourne (Austrália), é oferecido por *FutureLearn*. Apresenta um excelente conteúdo sobre essa abordagem cujas raízes se encontram em tradições milenares, integradas a estudos atuais sobre neurociência e funcionamento da mente.

O termo *Mindfulness* tem sido traduzido por "Consciência Plena" e envolve o treinamento em "Atenção Plena" ao momento presente para perceber o que está ocorrendo em nossas sensações corporais, sentimentos e pensamentos com uma atitude de aceitação, sem julgamento ou crítica. Com isso, torna-se possível ampliar nossa concentração e engajamento no momento presente. A partir daí, conseguimos evitar que a mente divague por questões passadas e mergulhe em preocupações com relação ao futuro. E, desse modo, é possível melhorar nosso desempenho no estudo e no trabalho, além de reduzir significativamente o nível de estresse e, portanto, facilitar a construção do bem-estar consistente.

Essencialmente, treinar a consciência plena é colocar a atenção no que estamos fazendo no momento presente, percebendo quando a mente "viaja" para outros lugares para, gentilmente, trazê-la de volta quantas vezes forem necessárias. A prática da meditação é um dos pilares básicos deste treinamento.

Há diversas técnicas de meditação, umas muito simples, que podem ser feitas em poucos minutos, e outras mais elaboradas, que demandam um tempo maior. Uma das mais simples que os instrutores desse curso propõem consiste em sentar confortavelmente em uma cadeira, fechar os olhos e prestar atenção na respiração – o ar que entra e sai e as sensações que acontecem no corpo. Pensamentos diversos surgirão, mas, com calma, podemos redirecionar o foco de atenção para a respiração até o momento de abrir os olhos. Esse processo pode ser feito algumas vezes por dia, por um ou dois minutos, entre uma atividade e outra. A meditação é um treino da mente. Assim como modificamos alguns músculos do nosso corpo por meio de exercícios regulares, podemos modificar circuitos neuronais em nosso cérebro por meio da prática a longo prazo da meditação.

Não é fácil treinar a atenção plena na agitação do dia a dia, com múltiplas tarefas, solicitações e compromissos, com uma infinidade de estímulos despertando nosso interesse e uma avalanche de informações. Ao ficarmos dispersos, tendemos a adiar a execução de tarefas, surge a sobrecarga e a pressão do tempo, o que resulta em estresse. E quanto mais estresse, menos bem-estar, além do prejuízo para o desempenho. Embora não seja fácil, a atenção pode ser treinada, como qualquer outra habilidade, para usar a mente de outro modo.

Na década de 1970, um dos pioneiros na aplicação de *Mindfulness* para fortalecer a saúde psicológica e o bem-estar foi o médico americano Jon Kabat-Zinn, fundador da Clínica de Redução do Estresse na Universidade de Massachusetts (EUA). Dedicar atenção plena à experiência do momento presente com curiosidade, abertura e aceitação, sem julgar ou criticar, tem sido considerado um antídoto muito eficaz contra a ansiedade e a depressão. Não se trata de negar os pensamentos, sentimentos e emoções negativas como aqueles em que predominam o medo, a raiva e a preocupação, mas atuar no sentido de não se deixar dominar por eles. Tudo isso faz parte da condição humana.

Em seu livro *Mindfulness for Beginners*, Kabat-Zinn propõe uma série de práticas de meditação que conduzem a mudanças consideráveis em nosso modo de encarar a vida e a nós mesmos, construindo bem-estar. Como estamos no fluxo constante entre inspirar e expirar, concentrar a atenção na respiração é uma excelente maneira de mergulhar no momento presente e fazer uma conexão significativa com nosso eu mais profundo.

O *Mind and Life Institute* foi criado em 1987, com a missão de aliviar o sofrimento, promovendo o florescimento humano e o bem-estar ao integrar ciência e práticas contemplativas de tradições milenares do Budismo. Esses estudos integrados formaram uma nova área de conhecimento: a Neurociência Contemplativa. A partir dessa troca de conhecimentos entre cientistas e sábios (o atual Dalai Lama é um dos mais atuantes nesses encontros), surgiram muitos estudos, sintetizados por alguns autores, como a jornalista de ciência Sharon Begley em seu livro *Train your mind, change your brain*. Ela mostra que a ideia de que não há mudanças expressivas no cérebro adulto está errada: com o trabalho da mente, e com a prática da meditação (um dos métodos mais avançados de treinar a mente), há alterações expressivas nos circuitos neuronais e o surgimento de novos neurônios até mesmo em pessoas idosas. Essa neuroplasticidade não ocorre apenas nos primeiros anos de vida. Descobriu-se também que as conexões neuronais funcionam na base do "use ou perca": elas se ampliam quando treinamos sistematicamente determinadas habilidades e se atenuam quando não as praticamos.

A psicóloga francesa Emma Seppala, autora de *The Happiness Track*, aborda várias questões sobre o estresse em contextos de trabalho em que predominam a competitividade e a noção de que, para sermos bem-sucedidos, temos de renunciar ou adiar a felicidade. Muitos pensam que não é possível ascender no trabalho sem uma grande carga de estresse. Embora não seja realmente possível evitar todas as fontes de estresse, podemos aprender a controlar nossa mente com a respiração consciente. Respirar profunda e lentamente acalma o corpo e a mente: o coração desacelera, a pressão sanguínea diminui, ativamos o parassimpático, que é o oposto da reação luta-fuga.

A respiração – diz Seppala – está profundamente ligada às emoções. Na ansiedade, a respiração é rápida e superficial, e na raiva também. Quando nos sentimos felizes respiramos mais profundamente. Ela cita estudos que descobriram um padrão específico de respiração para cada emoção. O aspecto mais interessante desses estudos é que, ao fazer deliberadamente um desses padrões de respiração, ativamos a emoção correspondente. Um dos exercícios propostos é, simplesmente, contar no mínimo até quatro ao inspirar, ao reter o ar, e ao expirar. Portanto, podemos usar conscientemente a respiração para alterar nosso estado mental. É uma ferramenta poderosa.

Eu, que medito regularmente há muitos anos, sinto muitos benefícios. Para mim, a meditação acalma, relaxa, energiza, aprofunda o autoconhecimento, libera a mente para que surjam ideias criativas, reduz o estresse, a ansiedade e o medo, contribui imensamente para a construção de uma base estável e consistente de bem-estar.

O poder do toque e da massagem

A pele é considerada o maior órgão sensorial do nosso corpo, porém o tato é menos pesquisado do que a visão e a audição. O *Touch Research Institute*, na Universidade de Medicina de Miami (EUA), coordenado pela médica americana Tiffany Field (autora do livro *Touch*), se dedica a pesquisar os inúmeros benefícios do toque e da massagem para a saúde física e emocional, em qualquer época da vida. Entre eles o fortalecimento do sistema imunológico, a redução do nível dos hormônios do estresse, o aumento do nível dos hormônios do bem-estar, o alívio da depressão e da percepção da dor. Cita os efeitos da massagem terapêutica para a promoção da saúde e do bem-estar, assim como para o alívio de sintomas de várias doenças. A automassagem, especialmente nos pés e nas mãos, também traz múltiplos benefícios.

Um dos pioneiros nessa área foi o antropólogo inglês Ashley Montagu. Seu livro *Touching*, escrito na década de 1970, foi muito bem recebido, inclusive por ter enfatizado a importância do toque e da massagem em recém-nascidos (até mesmo em prematuros) para ativar os sentidos e construir o vínculo afetivo. É essencial que o recém-nascido seja acarinhado, aninhado ao colo, aconchegado para se sentir seguro e bem recebido no mundo fora do ventre materno. O amor é transmitido pelo contato pele a pele.

O bebê descobre o mundo e as pessoas ao seu redor por meio de todos os sentidos: vê, ouve, cheira, saboreia e toca para perceber a textura e explorar diversos ângulos dos objetos que estão em suas mãos, ou do rosto das pessoas com as quais interage.

Na relação entre pais e filhos, entre o casal, com os idosos, o poder do toque e do carinho é vital para expressar o afeto e promover o bem-estar. Andar de mãos dadas, abraçar, beijar são ações que vão tecendo a teia do aconchego, transmitindo aceitação e amor. O toque contribui para liberar ocitocina, conhecida como o "hormônio do amor". O abraço afetuoso é mais eficaz do que muitas palavras quando queremos demonstrar empatia com alguém que está sofrendo ou que acabou de passar por uma perda significativa.

O toque carinhoso é parte essencial da riqueza da comunicação não verbal, juntamente com o olhar, o sorriso, os pequenos gestos de gentileza que vão tecendo a história dos relacionamentos significativos, um dos pilares mais importantes da construção da felicidade.

Os benefícios do toque não se restringem às trocas afetivas entre as pessoas. Em meio à natureza, podemos tocar as árvores para sentir a textura do tronco e reverenciar a vida que está ali presente. Apreciar a massagem oferecida pela areia da praia na sola dos pés enquanto caminhamos à beira-mar. Estimular todo o corpo ao tomar um banho de cachoeira. As mais diversas formas de interagir com a natureza, reverenciando sua força e beleza, oferecem caminhos para construir o bem-estar.

A prática japonesa do "banho de floresta" consiste em entrar na mata sem pressa para, simplesmente, estar com as árvores, sem se preocupar em fazer caminhadas rápidas pelas trilhas ou se exercitar. O essencial é abrir todos os sentidos a esse contato, respirar, apreciar. O nome, em japonês, *Shinrin-Yoku*, foi criado pelo Ministério da Agricultura do

Japão em 1982 para definir o ato de, ao entrar em contato com a floresta, absorver sua atmosfera. Esse tipo de ecoterapia tornou-se muito popular no Japão e passou a ser considerado um recurso eficaz em medicina preventiva.

Cientistas que pesquisaram os efeitos do *Shinrin-yoku* (Park e colaboradores, 2010) em universidades japonesas, descobriram que as árvores liberam substâncias benéficas à saúde e ao bem-estar. Observaram que o "banho de floresta" reduz o nível de cortisol (um dos hormônios do estresse) e regula a pressão arterial. Além disso, acelera a recuperação de doenças, aumenta o nível de energia vital, fortalece o sistema imunológico e melhora a qualidade do sono. Esses efeitos duram, em média, mais de uma semana após o "banho de floresta".

"Passei minha infância rodeado de árvores frutíferas e, a partir dos sete anos, criei o hábito de contemplar a natureza. Em silêncio, subia nas árvores para prestar atenção ao canto dos pássaros, ao som do vento e respirava fundo para sentir o cheiro da mata". Muito antes do nome ser criado, esse entrevistado já tomava banho de floresta.

II

Tecendo a infelicidade

Valorizar o que falta, e não o que tem

"Tem mais presença em mim o que me falta", escreveu o poeta brasileiro Manoel de Barros em sua obra *Livro sobre o Nada*.

Em *Poesias Inéditas* o escritor português Fernando Pessoa assim inicia um poema:

> Se estou só, quero não estar,
> Se não estou, quero estar só,
> Enfim, quero sempre estar
> Da maneira que não estou.

No livro *Poemas e Canções*, do poeta santista Vicente de Carvalho, um trecho de Velho Tema mostra a tendência de muitas pessoas de sempre colocar a felicidade em um lugar inalcançável:

> Essa felicidade que supomos
> Árvore milagrosa que sonhamos
> Toda arreada de dourados pomos
> Existe, sim: mas nós não a alcançamos
> Porque está sempre apenas onde a pomos
> E nunca a pomos onde nós estamos.

Em meu trabalho como psicoterapeuta, presto atenção às múltiplas maneiras de construir insatisfação e infelicidade. Lembro-me de uma menina de dez anos que só prestava atenção na falta, como descreve Manoel de Barros na citação feita anteriormente.

- Meu fim de semana foi horrível! - E logo enumerava o que havia acontecido: recebeu amigos em casa, foi ao clube e tomou banho de piscina, viu o filme que queria ver.

- E então? – Perguntava eu.

- Mas no domingo à noite, meus pais não quiseram me levar para a lanchonete. Eu tenho os piores pais do mundo!

Mais de trezentos bichos de pelúcia no quarto da menina de nove anos. Mas, a cada vez que saía, o mesmo pedido:

- Vamos comprar alguma coisa?

- O quê? – Perguntava o pai ou a mãe.

- Sei lá, qualquer coisa!

No entanto, o quarto entulhado de brinquedos, lápis, borrachinhas, roupas e sapatos não lhe dava satisfação. Difícil entender que o buraco interno não se preenche com compras.

- Mas eu sempre dei tudo o que você pediu! – Disse o pai da adolescente de 12 anos, que pouco estava com ela, desde a época do divórcio, quando a filha ainda era pequena.

- Pai, você não entende! O que eu mais queria você nunca me deu. Presença!

No trabalho com casais, vejo pessoas perplexas com a insatisfação do parceiro(a).

"Não sei mais o que faço! Se ela diz que quer 'A', e eu atendo, em seguida, ela quer 'B'. Se faço 'B', ela volta a querer 'A' ou outra coisa qualquer. E se não é exatamente do jeito que ela quer, não serve. Conclusão: estou sempre devendo!", desabafam.

E a insatisfação com o relacionamento vai crescendo, em meio a queixas, reclamações e cobranças incessantes. A própria pessoa não se entende, ora quer isso, ora deseja aquilo. O que recebe não é valorizado, não há agradecimento nem gratidão. O que não preenche as expectativas é iluminado por potentes holofotes. É uma angústia sem nome, uma raiva latente que explode em revolta quando a frustração se intensifica. O que está ao seu alcance logo perde o valor, a falta está sempre em primeiro plano.

A insatisfação crônica também é fonte de conflitos e traz muita infelicidade na relação com filhos e netos. O desabafo de uma avó: "Fico preocupada porque ela desvaloriza imediatamente tudo o que acabou de obter. E, então, fica ansiando por ter tudo o que as amigas possuem, o que viu em um anúncio ou na vitrine de uma loja. É raro vê-la contente. Ela é tão bonita, mas vive de cara feia. Que pena...".

Cobranças raivosas que exigem mais atenção e presença acabam afastando as pessoas, em vez de aproximá-las. "Minha mãe é muito carente, parece uma náufraga e quer se pendurar em mim o tempo todo. Se eu deixo de telefonar um dia sequer, ela me liga revoltada e amargurada, me acusa de abandoná-la, diz que sou uma péssima filha, que não dou a assistência de que ela precisa. Mas isso é injusto, ela não quer enxergar que eu trabalho, tenho três filhos pequenos, é muita coisa para cuidar. E nem sou tão ausente assim. Mas acabo me sentindo culpada, porém sem vontade de estar com ela para só ouvir reclamações e acusações. Mesmo assim, eu a incluo em tudo que eu posso, mas parece que nada do que eu faço tem valor para ela".

"Só vou me sentir feliz quando minha mãe me matricular em outra escola". "Vou ser feliz quando conseguir comprar uma casa". As pessoas que colocam condições para serem felizes no futuro, ignoram o presente do presente. Onde está a felicidade? E nunca a pomos onde nós estamos, como diz o poeta Vicente de Carvalho.

Que tipo de pensamentos você nutre?

"Não adianta nem tentar, não vou conseguir". Em algumas décadas de trabalho como psicoterapeuta, ouvi dezenas de pessoas dizendo essa frase. O que pensamos influencia nossas ações e cristalizam crenças a respeito de nós mesmos e da vida. "Não vou conseguir". A criança desiste de aprender a andar de bicicleta, o adolescente nem consegue se aproximar da garota de seus sonhos, o adulto desiste de concorrer às poucas vagas do concurso com milhares de inscritos. Sonhos são desfeitos pela descrença em si mesmo, projetos são abandonados por metas mais fáceis de serem alcançadas, as escolhas se restringem, a pessoa se encolhe no conformismo, na acomodação, na preguiça de desenvolver persistência para ultrapassar os obstáculos e ampliar suas competências. A infelicidade se tece com frustração, insatisfação, amargura e até mesmo inveja de quem conseguiu encarar as dificuldades para realizar seus sonhos.

As ações também ficam paralisadas quando a vitimização é nutrida: "A vida está sendo cruel comigo", "Ninguém me dá oportunidades", "Só encontro portas fechadas". Com pena de si mesma, a pessoa se atola na infelicidade, os pensamentos giram em torno das lamentações, drenando muita energia que poderia ser dedicada a fazer planos para abrir perspectivas e fortalecer o espírito empreendedor. "O que posso fazer para sair dessa? Como posso melhorar minha situação?".

Cultivar pensamentos catastróficos (imaginar que sempre acontecerá o pior) tece um emaranhado de problemas que acaba com nosso bem-estar. Quando a filha se atrasa e o celular não responde, isso é sinal de que aconteceu uma tragédia. O sistema de alarme é ativado, o corpo da mãe se inunda de hormônios do estresse, ela entra em pânico, não consegue se concentrar em coisa alguma, só imagina o pior. Não pensa que a bateria do celular descarregou ou que a filha estava se divertindo com amigos em um lugar barulhento, não ouviu o telefone e nem chegou a ler as mensagens. Quando ela finalmente chega, encontra a mãe estressada, desesperada e, em seguida, enraivecida por ter se assustado à toa.

Os pensamentos catastróficos contribuem para o estresse crônico que conduz à exaustão. Muita gente tece enredos tenebrosos de sua vida futura, como se tudo que é temido fosse realmente acontecer. "Morro de medo de ficar viúva, sou muito dependente dele, minha vida ficará um caos". Esse caos é imaginado em detalhes, trazendo muito sofrimento. Mas ninguém sabe o que acontecerá na vida real: ela poderá morrer antes dele, poderá desenvolver autonomia que fortalecerá a confiança de gerenciar a própria vida, entre outras possibilidades. É útil desenvolver uma conversa interna, em que seja possível questionar o medo e pensar em cenários mais favoráveis. Examinar a qualidade de nossos pensamentos pode abrir espaço para construir bem-estar.

No livro *A arte da felicidade*, o Dalai Lama aconselha: "Se o problema tem solução, para que se preocupar? Se o problema não tem solução, para que se preocupar?". O excesso de preocupação prejudica o foco da atenção para a busca objetiva de soluções eficazes. Muitas pessoas sofrem por antecipação ao criar na imaginação cenários futuros intensamente desfavoráveis.

A vida vai se apresentando, muito pouco está sob nosso controle. Não podemos ter certeza de que aquilo que tanto tememos vai realmente acontecer. O medo projetado em um futuro imaginário dificulta manter o foco da atenção no momento presente, que é onde ocorre a vida real. Esse medo pode ser enganador: aparentemente, pensar em cenários desfavoráveis pode inspirar planos para construir saídas. Mas nem sempre é isso que acontece: com frequência, estamos apenas fazendo filme de terror em nossas mentes. O melhor caminho para combater essa tendência a se infernizar foi definido por um dos entrevistados: "Para mim, a felicidade é viver o melhor de cada dia, sem me pré-ocupar".

Para estabelecer metas, planejar e fazer a preparação adequada é preciso imaginar cenários futuros sem carregar nas tintas do medo e da angústia. Estudantes pesquisam as condições dos exames para a universidade, organizam uma estratégia de preparo e, assim, aumentam sua probabilidade de serem bem colocados. Profissionais que vão passar por entrevistas de seleção para um novo emprego precisam se informar sobre as características da empresa contratante e cuidar bem da organização do currículo que vão enviar. "É difícil, mas não impossível" é o pensamento que os motiva e permite que mantenham o bem-estar, mesmo precisando renunciar temporariamente a muitas horas de prazer e diversão.

O medo da perda e da solidão nos assombra em alguns momentos, quando constatamos que não podemos controlar a vida dos filhos adultos, livres para fazer as próprias escolhas. O sofrimento se intensifica com o "e se", que conduz às piores hipóteses que ocupam nossa mente e nos impedem de perceber que também nós somos livres para escolher novos caminhos, nas diferentes etapas da vida.

Ficamos perdidos na sensação de total impotência, sem conseguir aproveitar o que está ao nosso alcance.

Quando o medo de sofrer perdas se intensifica é sinal de que nos perdemos de nós mesmos e precisamos nos reencontrar. E, acima de tudo, precisamos avaliar se o tipo de pensamentos que estamos nutrindo acaba criando sofrimentos evitáveis, prejudicando nossa saúde e gerando infelicidade. E, desse modo, construir boas estratégias para trilhar os caminhos da vida, como disse uma das entrevistadas: "Aposto no autoconhecimento. É um exercício constante para me melhorar, entender meus medos e minha insegurança. Quando estou passando por dificuldades, volto ao passado para me lembrar de episódios semelhantes em que consegui encontrar forças para superar o problema".

A mesma imaginação que cria pensamentos catastróficos pode ser treinada para gerar outros tipos de pensamento. É possível, por exemplo, tornar nosso olhar mais flexível para examinar o problema a partir de outras perspectivas. Para nossa surpresa, o problema poderá parecer menos grave e, desse modo, poderemos vislumbrar maneiras de resolvê-lo que não nos havia ocorrido antes. Mudando a maneira de olhar, mudamos a maneira de pensar e a maneira de agir.

Os padrões de pensamento que mais nutrimos passam a ocupar um enorme espaço em nossa mente. Vamos nutrir pensamentos que geram bem-estar ou infelicidade? A escolha é nossa. "Na virada dos 50 anos eu me dei conta de que era o momento de decidir se eu queria ser um bom vinho ou um vinagre".

Em *O Livro do Desassossego*, o escritor português Fernando Pessoa oferece uma boa reflexão: "A vida é o que fazemos dela. As viagens são os viajantes. O que vemos, não é o que vemos, senão o que somos".

A falsa felicidade nas redes sociais

A ONG britânica *Childline* oferece atendimento gratuito por telefone ou por mensagens eletrônicas a pessoas de até 19 anos que estão com problemas em decorrência de abusos, *bullying*, *cyberbullying*, ansiedade, depressão e dificuldades de relacionamento. Em 30 anos de funcionamento, os temas mais frequentes de consulta mudaram: em 1986, eram problemas familiares, abuso e gravidez. Em 2016, além das dificuldades com as relações familiares, predominaram as queixas sobre *bullying*, *cyberbullying*, baixa autoestima e infelicidade por conta da comparação com as imagens divulgadas nas redes sociais mostrando pessoas permanentemente felizes, mulheres com corpos maravilhosos e celebridades exibindo suas "vidas perfeitas".

Muitos adolescentes se preocupam extremamente com suas imagens nas redes sociais, sentem-se desvalorizados porque não conseguem um grande número de seguidores curtindo suas postagens e fotos. Olham-se no espelho e só enxergam o que consideram defeitos: o nariz é maior do que deveria ser, as coxas teriam de ser mais grossas, se não conseguir ficar mais alta e mais magra a infelicidade a acompanhará pela vida afora.

A comparação com os amigos virtuais que parecem ter uma vida perfeita ou são muito populares é arrasadora, gerando profunda tristeza. Como a maioria está sempre conectada, torna-se difícil distinguir entre o que acontece na realidade e o que aparece nas redes sociais. O virtual é percebido como real e o que acontece de fato no dia a dia perde na comparação.

"Sigo uma blogueira que é minha referência: tem o corpo que eu desejaria ter, vive de um jeito que eu gostaria de viver, tem milhares de seguidores e ganha muito dinheiro anunciando produtos". Para essa jovem, a vida da blogueira era maravilhosa, em contraste com a sua em que boa parte dos seus desejos não se concretizavam.

Por ter escrito dois livros abordando a questão do *bullying* e do *cyberbullying*, já dei centenas de palestras sobre esse tema, além de consultorias para as equipes de algumas escolas sobre o desenvolvimento de habilidades socioemocionais, tais como empatia e respeito pelos outros. Para muitas crianças e adolescentes, xingamentos, apelidos depreciativos, intimidações, exclusão e outras formas de agressão provocam efeitos devastadores na autoestima e na autoconfiança, gerando infelicidade e um profundo mal-estar.

As redes de ódio se multiplicam na internet. Os chamados *haters* ("odiadores") cultivam o prazer perverso de expressar desprezo e aniquilar seus alvos, que podem ser pessoas com quem se relacionam ou que nem conhecem pessoalmente, como quem está em destaque na mídia. O sucesso alheio incomoda, é preciso aniquilar a pessoa invejada ao colocar em destaque suas possíveis falhas. Entediados com a vida, sem algo melhor para fazer, os *haters* se divertem atacando, querem chamar a atenção e provocar polêmica com suas mensagens de ódio.

Quem despeja raiva e ataques impiedosos nas mensagens virtuais argumenta que está exercendo sua liberdade de expressão. Essa é uma confusão de conceitos muito comum: discurso de ódio é agressão. Liberdade de expressão precisa incluir o respeito pelo outro. É possível expressar o que pensamos e sentimos sem ofender, xingar, humilhar os demais.

Quando os maus-tratos persistem, surgem ataques de ansiedade (batimentos cardíacos acelerados, dor de estômago devido à tensão, suor frio nas mãos) que dificultam a concentração nas aulas e intensificam o medo de ir para a escola. Há os que entram em depressão e se isolam, perdem a motivação para estudar e até mesmo para a vida social. Em casos extremos, tentam suicídio.

O trabalho conjunto entre famílias e escolas é essencial para criar uma cultura de não tolerância à prática do *bullying* e do *cyberbullying*, desenvolvendo uma rede saudável de relacionamentos em que fique claro para todos que "agressão não é diversão". É indispensável a orientação sobre percepção dos riscos, autoproteção e uso responsável das redes sociais.

No Brasil, a ONG Safernet oferece gratuitamente um canal de ajuda e orientação para crianças e adolescentes que estão passando por problemas na internet, nas diversas manifestações de violência *on-line*.

A angústia gerada pela necessidade de não perder nada do que acontece na "linha do tempo" das redes sociais ou nos grupos de mensagens instantâneas faz com que muitas pessoas, inclusive adultos, desenvolvam dependência do celular e da internet. Como disse uma adolescente, "O maior desespero é imaginar que meu celular pode dar problemas. É como uma extensão do meu corpo, estou sempre de olho nos meus contatos, vou dormir de madrugada trocando mensagens com meus amigos e lendo as postagens que chegam". Inquietação, insatisfação com a vida, desmotivação para estudar e fazer planos para o futuro. Estar a sós consigo, evoluir em autoconhecimento é impensável. Conectada permanentemente com as redes virtuais, perde a conexão com seu próprio eu. A quietude interior que conduz à construção de um bem-estar estável não está ao seu alcance.

O contato virtual intenso acaba reduzindo as oportunidades do contato pessoal: "Uso muito as redes sociais, não só para divulgar meu trabalho, como também para me comunicar com muita gente. Mas isso não substitui o valor da presença, do olho no olho, do calor de um abraço. Eu priorizo o presente da presença".

O uso equilibrado das redes sociais oferece oportunidades para a construção do bem-estar. Conversar com pessoas queridas que estão geograficamente distantes. Retomar o contato com colegas de escola e amigos de infância. Participar de grupos de pessoas que compartilham interesses comuns, como o gosto pela leitura, por filmes, viagens, culinária e tantos outros temas que possibilitam a troca de boas ideias. O apoio recíproco dá alento para quem compartilha vivências com outras pessoas que estão passando por situações difíceis semelhantes, como os grupos de apoio para quem está em tratamento de doenças crônicas ou perderam filhos. As redes de mães e pais que trocam mensagens e informações sobre os desafios de educar filhos no mundo de hoje reúnem milhares de pessoas.

O modo de usar as redes sociais determina se vamos ficar a favor ou contra nós mesmos.

Tristeza não tem fim, felicidade sim. Será?

A felicidade é como a gota
De orvalho numa pétala de flor
Brilha tranquila
Depois de leve oscila
E cai como uma lágrima de amor

Nesse trecho da letra de *A Felicidade*, Tom Jobim nos diz que, na vida de muitas pessoas, os momentos felizes são efêmeros e o que predomina é desilusão, amargura, sofrimento. Vejo que isso acontece especialmente no contexto de relacionamentos difíceis devido à violência intrafamiliar, abuso de álcool e outras drogas, conflitos com a lei, desemprego, doenças degenerativas.

"Eu não sou feliz. Tenho três filhas, dois netos e um filho, que está envolvido com drogas, foi preso oito vezes e está foragido. Não sei onde ele está, não tenho notícias dele há muito tempo. Tomo remédio para dormir, mas quando estou com a angústia apertando meu peito, deito na rede e não consigo pegar no sono. A comida não desce, não faz digestão. Trabalho fazendo crochê para vender para os turistas, porque preciso ganhar dinheiro para pagar a água, a luz, e comprar comida. Há dias em que fico sem vontade de lavar a louça e a roupa. Tem gente que me aconselha a abandonar meu filho, mas eu sou mãe, coloquei ele no mundo, não vou fazer isso".

Apesar de enfrentar problemas sérios de relacionamento, há quem mantenha a esperança de dias melhores e não desiste de lutar: "Estou casada há 31 anos, e meu marido bebia muito até um ano atrás. Eu não era feliz. Quase todos os dias, ele entrava em casa embriagado, quebrava tudo e me obrigava a dar dinheiro para ele. Prometia que ia mudar, mas não parava de beber. Eu sentia vergonha dos vizinhos, as casas são muito juntas umas das outras. Eu rezava todos os dias, pedindo a Deus que ele parasse de beber. Um dia, ele chegou em casa, quebrou todas as portas, pegou uma faca e ameaçou me matar. Aí eu passei a dormir na casa de uma das filhas. Dei o prazo de um mês para ele parar de beber, caso contrário eu iria embora. A família dele também conversou com ele. Ele concordou em frequentar os Alcoólicos Anônimos e está há um ano sem beber, faz a janta e lava os pratos. Ele é uma boa pessoa quando não bebe. Sempre percebi que ele bêbado não era ele. Agora eu me sinto feliz, porque a ruindade dele era a bebida".

Por outro lado, há pessoas que percebem com mais nitidez os momentos difíceis e formam uma imagem da vida muito desalentadora: "Para mim, a felicidade é um negócio complicado, é um momento que a gente quer que nunca termine, porque a vida é eficiente em fazer as pessoas infelizes. Então, tem que saber aproveitar os momentos que duram pouco. É isso. Cada um tem aquilo que merece".

Problemas emocionais profundos, como depressão e síndrome de pânico podem fazer com que a pessoa sinta que "tristeza não tem fim", tornando mais difícil (embora não impossível) a construção da felicidade. "Sinto que construo a felicidade no dia a dia, tijolinho por tijolinho, além de matar um leão por dia, porque sofro da síndrome do pânico. Procuro controlar os ataques de ansiedade com as técnicas de respiração e relaxamento que aprendi na ioga. Essa situação piorou depois do nascimento da minha primeira filha, com síndrome de Down e outras complicações.

Tive de encarar a possibilidade da morte no início da vida. Basta ela ter uma febre que eu não consigo dormir. A cada seis meses, vários exames, fico angustiada com a expectativa de descobrir algum problema mais grave".

Há trajetórias marcadas por perdas, doenças graves, migrações em consequência de guerras ou de desastres climáticos, que demandam um grande esforço de superação para que a vida não seja uma tristeza sem fim. "Minha mãe e meus avós saíram de Angola, fugindo da guerra, para o Rio de Janeiro, onde eu nasci. Minha mãe era esquizofrênica, e meu avô, a quem eu era muito ligada, morreu assassinado. Tempos depois, minha avó morreu e eu fiquei sem família. Trato de aproveitar os bons momentos: gosto de olhar o mar, de jantar com amigos em casa, de cuidar do meu gato. Felicidade é uma coleção de bons momentos. Há momentos felizes mesmo dentro da tristeza, como senti ao perder minha mãe e meus avós".

"Sou um deficiente eficiente. Precisei abrir mão de muitas coisas por ser cadeirante. Meus pais eram pobres, e eu tive de fazer muitas cirurgias quando era criança. Não me apego às coisas, nem sequer aos meus instrumentos. Felicidade é a gente se dar bem com as pessoas, ter bons relacionamentos, é ser feliz em cada momento. Acordo sempre sorrindo, mesmo quando estou sentindo dor. Aí, eu pego o violão e começo a compor. Procuro sempre fazer o melhor dentro das circunstâncias".

O cineasta e fotógrafo Yann Arthus-Bertrand entrevistou duas mil pessoas em 60 países para compor o maravilhoso documentário *Humanos*, em que apresenta um painel sobre a diversidade e as semelhanças entre o que as pessoas pensam sobre temas tais como amor, felicidade, guerra, trabalho, pobreza, relações familiares, deficiências. Um depoimento impressionante foi o de um homem que perdeu as pernas. Ele diz: "Com isso, acabei aprendendo a ver melhor, a ouvir melhor e a perceber o mundo de outra forma a partir da perspectiva da minha cadeira de rodas. Se Deus aparecesse e me dissesse que me daria duas pernas novas de presente, eu agradeceria e diria que me sinto muito bem como estou agora".

Um adolescente morador de comunidade deu essa definição: "A felicidade nasce com todas as pessoas, mas cabe a cada uma desenvolvê-la, mesmo sendo pobre".

Vinicius de Moraes, em *Samba da Benção*, diz:

> É melhor ser alegre que ser triste
> Alegria é a melhor coisa que existe
> É assim como a luz no coração.

Apegar-se ao passado é fonte de infelicidade

Não podemos mudar o passado, mas podemos olhá-lo sob novos ângulos e rescrever nossa história, dando novos significados para o que aconteceu. "Meu casamento não deu certo, foi uma péssima escolha" pode ser percebido como "meu casamento deu certo por algum tempo, depois as divergências foram tantas que foi melhor cada um seguir o seu caminho". É a diferença entre se paralisar na mágoa, no ressentimento, no arrependimento e se mover para viver outras experiências, aceitando que a relação chegou ao fim do ciclo e que houve coisas boas, dificuldades e muita aprendizagem.

"Homem é tudo igual, só muda de endereço" é frase de quem ficou apegada a um passado de desilusão que cristaliza a certeza de que o futuro amoroso será uma repetição da dor. "Melhor nem tentar, não vai dar certo mesmo". O medo de renovar a esperança e abrir o coração para um novo amor impede de perceber o presente da vida. Com a ilusão de se blindar contra um novo sofrimento instala-se a aridez do terreno amoroso.

"Não adianta chorar pelo leite derramado" é a expressão popular que aconselha pessoas que ficam remoendo o passado, lamentando perdas ou escolhas das quais se arrependeram, a seguir caminhando pelas trilhas da vida. Quem empaca no passado se impede de viver a única coisa que realmente temos: o momento presente.

"Eu me sinto feliz pelo que fiz, e não me arrependo, apesar dos períodos difíceis que precisei enfrentar. Em Buenos Aires, como sociólogo, só podia trabalhar em pesquisa de mercado, o que não me interessava. Quase fui preso, acabei me separando e resolvi ir para Belo Horizonte, onde consegui um bom emprego. Fui muito bem recebido pelos brasileiros e conheci minha atual mulher. Estamos juntos há 30 anos, e construímos uma relação de apoio recíproco. Nunca quis voltar a morar em Buenos Aires, não me prendi ao passado e nem às minhas raízes. Eu me sinto feliz no Brasil".

Podemos transformar sentimentos que se cristalizaram dentro de nós a partir de acontecimentos que nos causaram sofrimento. Isso nos liberta do passado. É sempre possível mudar, porque sentimentos e emoções, em princípio, são passageiros. Alguns deles, como mágoa, ódio, inveja e desejo de vingança, acabam com nosso bem-estar.

O médico americano Jon Kabat-Zinn, autor de vários livros entre os quais *Wherever you go there you are*, escolheu como título de um dos capítulos a frase: "Você não pode parar as ondas, mas pode aprender a surfar". A prática da meditação é um dos caminhos mais eficazes para desenvolver essa mobilidade mental. Para Kabat-Zinn, meditar com atenção plena no presente significa ser o que estamos sendo e entender um pouco mais sobre isso a cada passo que damos no caminho da vida que se desdobra a cada momento que, na verdade, influencia o que acontece no momento seguinte.

Podemos escolher onde colocar o foco da atenção: em lamentos ou saudades de um passado, na preocupação com o futuro ou no momento presente para vivê-lo plenamente. A concentração é a capacidade de dirigir a atenção para um foco. Treinar essa habilidade é extremamente importante para viver em um mundo cheio de estímulos e demandas.

Como respiramos continuamente, concentrar a atenção na respiração é muito útil para meditar. Com a prática contínua, torna-se cada vez mais fácil retomar o foco da atenção para a respiração a cada vez que a mente divaga para outros pensamentos com relação ao passado ou ao futuro. Desse modo, podemos treinar a mente para o autoconhecimento, o desenvolvimento do amor, da paciência, da compaixão.

Como mostra Kabat-Zinn, colocar o foco da atenção na respiração equivale a jogar a âncora no aqui e agora, para ter consciência plena e, de fato, sentir a riqueza do momento presente. Desse modo, estabilizamos nosso barco no mar agitado de pensamentos que ora nos joga para o passado, ora para o futuro. A plena consciência de nós mesmos possibilita perceber com clareza como pensamos, como agimos e o que fazemos a cada momento do dia e isso reduz significativamente a ansiedade e a depressão. Essas são as principais questões das doenças mentais que, por sua vez, são fontes de infelicidade. Com o treino da mente, podemos aumentar a probabilidade de descobrir o que há de bom em nós e reduzir a tendência de fazer mal a nós mesmos e aos outros.

O místico búlgaro Mikail Aivanhov, em seu livro *La clef essentielle*, escreve que o estado consistente de felicidade serena pode ser mantido mesmo quando enfrentamos perdas e dificuldades. Para isso, é preciso não se prender aos acontecimentos porque, na verdade, tudo é passageiro. A felicidade duradoura está no nível da harmonia e do amor.

Para muitos é o lugar da fé em Deus ou em um Poder Superior. A felicidade é um estado de consciência, um modo de compreender, de se conduzir, de sentir. Não está fora de nós. Muita gente vincula a felicidade a comprar uma casa, um carro novo, à decoração da casa, a ganhar mais dinheiro. Mas, e quando perdem essas posses? Aí vem a infelicidade. A felicidade verdadeira não depende de nenhum objeto, nenhuma posse. A felicidade que não vem do alto é instável. Buscar dentro de nós, em nossa maneira de ver, de entender, de sentir. Desenvolver essa felicidade exige disciplina. Não conseguimos ser felizes quando temos um campo de visão muito limitado. Pessoas individualistas, egoístas e isoladas dificilmente são felizes. A felicidade é o caminho do amor universal, o mundo do amor divino.

Amor, desamor, esperança, felicidade

"Quero voltar a ser criança, porque os joelhos ralados curam bem mais rápido do que os corações partidos". Achei interessante essa frase que circulou nas redes sociais.

Em uma viagem à Croácia, descobri em Zagreb um museu que ganhou alguns prêmios de inovação: O Museu das Relações Terminadas. Para o casal que fundou o museu esse foi um modo de elaborar o término de seu relacionamento e, ao mesmo tempo, dar a pessoas do mundo inteiro a oportunidade de superar a dor do coração partido e renovar a esperança de encontrar outra pessoa para amar e ser feliz. A proposta é enviar a história do relacionamento juntamente com um objeto que o represente. Na exposição, encontram-se os mais convencionais (álbum de fotos, vestido do casamento, bichos de pelúcia) e outros muito inusitados (um machado, algemas, a prótese de um pé).

No decorrer da vida, muitas pessoas passam por ciclos de intensa felicidade quando se apaixonam e começam a relação amorosa, passam por períodos difíceis e conflituosos que podem amadurecer e aprofundar o amor ou, por outro lado, resultar no término da relação. Há quem se afunde na tristeza e na mágoa por muitos anos, e há quem renove a esperança e abra o coração para um novo amor. Muitas letras de músicas descrevem esse processo. Como diz Cartola, "finda essa saudade, hei de ter outro alguém para amar". Vinicius de Moraes coloca bem a questão: "Pra que chorar, pra que sofrer, se há sempre um novo amor cada novo amanhecer".

"Após 12 anos de casada, criei coragem e me separei, mesmo tendo cinco filhos, e agradeço a Deus por todos serem obedientes. Eles não querem nem saber do pai, que vivia bêbado e desempregado, e nos tratava muito mal. Depois da separação, senti que eu nasci de novo. Estou namorando há dois anos, feliz da vida".

Antes de encontrar um novo amor é preciso investir no reencontro consigo mesma: "Estou me conhecendo de novo, ainda sem saber direito se o que eu gostava era por causa do marido ou por mim mesma. É bom descobrir coisas que gosto de fazer sozinha, escolher o filme que quero ver, aproveitar pequenos momentos do dia para fazer o que me agrada".

A desilusão amorosa pode estimular a revisão de expectativas e metas de vida: "Atualmente não estou feliz, ainda sofrendo com a dor pelo término de um noivado. Acabei construindo a vida a partir da expectativa de me casar e ser feliz pelo resto da vida, e tive de descontruir tudo. Agora procuro viver o momento atual, não quero mais esperar ser feliz em função de alguém. Vejo que muitas pessoas associam felicidade com algo ou alguém e não com elas mesmas. Estou gostando de ir para a balada sozinho e muita gente se espanta com isso, sem perceber que isso abre novas possibilidades".

Como psicoterapeuta, acompanhei centenas de histórias de amor e desamor, e também de relações em que mágoas, raiva, acusações recíprocas, ciúme exacerbado, cobranças e expectativas frustradas criam intenso sofrimento que encobre a felicidade dos primeiros tempos. Brigas em que se remexe no baú do passado para jogar acusações "um na cara do outro" são guerras infrutíferas, em que ninguém se escuta e ninguém se entende.

Problemas, crises e conflitos bem elaborados podem abrir boas perspectivas para um relacionamento duradouro. É como se fossem vários casamentos em um só. Cumplicidade, aceitação das diferenças, respeito e compromisso amoroso facilitam a superação das dificuldades.

Um dos maiores desafios para um relacionamento amoroso é a descoberta da infidelidade. A mistura de decepção, quebra da confiança, ameaça de perda, insegurança, raiva, profunda tristeza, sentimento de rejeição e de abandono acarreta uma dor profunda. Muitos não conseguem elaborar esse sofrimento e preferem romper o relacionamento. No atendimento de casais que enfrentam esse tipo de crise, estimulo a descoberta do significado mais profundo desse episódio. Que necessidades a infidelidade está preenchendo? O que precisa ser modificado ou revitalizado no casamento? Como está o alicerce dessa relação? Na travessia dessa dor, alguns casais conseguem fazer um "novo casamento" e inaugurar um patamar mais maduro de compromisso amoroso.

O livro *A arte da felicidade*, escrito pelo Dalai Lama e o psiquiatra americano Howard Cutler, traz a proposta de treinar a mente para cultivar estados positivos que conduzem à felicidade (amor, compaixão, paciência, generosidade) com o objetivo de neutralizar os estados mentais negativos (ódio, inveja, ganância, frustração), que acentuam e perpetuam o sofrimento. Aceitar que frustrações e desapontamentos fazem parte da vida nos torna mais capazes de enfrentar as adversidades. Porém, assim como a felicidade, o sofrimento pode ser construído quando cultivamos mágoa, rancor e outros sentimentos tóxicos. Esse tipo de sofrimento não é inevitável, é alimentado por esses estados mentais.

Uma das ideias fundamentais desse livro é que o principal elemento para construir a felicidade é treinar a nossa mente. Isso é mais importante do que ganhar muito dinheiro, alcançar fama e sucesso profissional, ter um corpo perfeito ou encontrar a "pessoa ideal". A felicidade estável e consistente depende muito mais do nosso estado mental do que de acontecimentos externos, que tendem a ser transitórios. O prazer físico é momentâneo, mas podemos construir em nossa mente e em nosso coração um estado de bem-estar mais sólido, que nos permite passar pelos altos e baixos da vida e por nossas próprias flutuações de humor.

Por isso é tão importante cultivar as emoções e comportamentos positivos com persistência e determinação. Quando desenvolvemos essa disciplina interna que acalma a mente, podemos sentir alegria e felicidade mesmo em condições externas desfavoráveis. Por outro lado, sem desenvolver essa estabilidade interna, mesmo quando, aos olhos dos outros, a pessoa "tem tudo para ser feliz" ela poderá se sentir extremamente mal.

"Tem sido um processo longo e trabalhoso para conviver bem com as pessoas que eu amo. Não é fácil, preciso me policiar para não magoar os que são mais próximos. Dar um abraço, pedir por favor, com licença, porque, no fim das contas, a gentileza começa em casa. Antigamente, quando eu entrava em casa mal-humorada, descontava no marido, nos filhos, no cachorro. Melhorei muito com a maturidade e depois de passar por inúmeras dificuldades de relacionamento. Mas preciso melhorar ainda mais".

O que de melhor você pode fazer por você?

Faço essa pergunta para meus clientes quando percebo que eles estão presos em emaranhados de pensamentos e ações que criam obstáculos que dificultam sua caminhada pelas trilhas da vida. São padrões de autossabotagem, em que a pessoa "dá uma rasteira em si própria" a ponto de não conseguir realizar seus sonhos. São comportamentos inadequados que criam constrangimentos e conflitos sérios em seus relacionamentos a ponto de ser considerada como uma pessoa difícil de conviver. É se debater em revolta porque desejos foram frustrados e a pessoa não consegue ter flexibilidade para aproveitar o melhor do que está ao seu alcance. São hábitos cristalizados de reclamar, se queixar, criticar "tudo que está aí", afirmar que "nada presta" ou que "nada vale a pena", sem sequer pensar em buscar ou em construir alternativas melhores. É cultivar descrença, pessimismo, e a certeza de que "nada dá certo" e, por isso, "não adianta nem tentar". É se aprisionar na amargura, fazendo cobranças queixosas. É nutrir pensamentos catastróficos, imaginando que sempre vai acontecer o pior. É a rigidez de permanecer na mesma posição e agravar os conflitos porque não pode "ceder nem um milímetro" e nem fazer acordos. São ações que resultam em escolhas ruins, com consequências desastrosas, condutas que vão construindo becos sem saída, em vez de abrir novas trilhas. Há muita gente com medo de ser feliz que recorre a diversos modos de construir a infelicidade.

"Acho o ser humano difícil. Por isso, não espero nada dos outros para não me decepcionar. Em vez de reclamar do que não deu certo, vou para outro lado. Também não fico pedindo coisas a Deus, Ele já é muito ocupado. Não fico me lastimando por bobagens, tipo: 'Ai, perdi o ônibus'. Vejo pessoas amarguradas com o que não deu certo. Prefiro ser grata por tudo o que eu tenho e me esforçar para alcançar o que desejo, contornando as dificuldades".

Mesmo em contextos em que há poucas opções, podemos escolher o pior ou o melhor dentro das circunstâncias, e ter paciência (ou não) para esperar que novas possibilidades surjam e a gama de escolhas se amplie. "Para mim, o melhor a fazer é estar satisfeito com a vida, entender que nem tudo dá certo, mas vale a pena tentar realizar nossos sonhos".

Quem está determinado a construir a felicidade consegue olhar em volta para ver o que é possível e faz o melhor por si mesmo e pelos outros. Em minha pesquisa de campo, conversei com muitas pessoas que cultivam essa atitude de não se preocupar com o futuro e não lamentar o passado, para viver intensamente o presente. "Para mim, o essencial é estar bem comigo mesma, me fazer feliz, sem esperar que as pessoas façam algo para que eu me sinta feliz. Sou a maior responsável pelos meus próprios pensamentos, não crio expectativas com os outros. Procuro não criar conflitos desnecessários, não entro na tempestade das pessoas. Quando entro, vou agredir. Vejo pessoas que dizem que lavam a alma quando atacam ao se sentirem atacadas. Mas quando eu faço isso, eu me sinto mal, a tempestade é da pessoa, não é minha. Não me importa brigar para ver quem tem razão, o que eu quero é ficar bem. Felicidade é bem-estar, uma construção constante que nasce todos os dias. A questão é ter flexibilidade, não radicalizar nos extremos: entre o oito e o oitenta há muitos oitos".

No decorrer da vida, o conceito de felicidade pode mudar para que a pessoa consiga se adaptar melhor às limitações e às possibilidades de cada faixa etária: "Acabei de completar 62 anos. Vejo homens da minha idade ou mais velhos buscando a felicidade no lugar errado, se envolvendo com mulheres de 18 anos, para fingir que são jovens. Procuro viver minha verdade, não sou mais um garoto, não consigo mais fazer muitas coisas que fazia antes. Então, aceito minhas limitações e vivo intensamente minhas possibilidades".

Também fazemos o melhor por nós quando evitamos lamentar o que falta e aproveitamos o que está ao nosso alcance. "O melhor é estar de bem comigo mesma, rir das minhas próprias bobagens. Adoro a minha companhia.

Aprendi a ser feliz me comparando com pessoas que construem a infelicidade, e me valorizo por ter superado muitos problemas. Consigo me sentir feliz sem um companheiro, ao contrário de muitas amigas que colocam isso como condição para ser feliz. Tenho amigas que se queixam de tudo, colocam em primeiro plano a dor no joelho, a empregada que roubou, e a conversa fica desagradável. Não quero que nada atrapalhe meu bem-estar".

Encarar cada fase da vida como oportunidade para o desenvolvimento pessoal é o melhor que podemos fazer por nós mesmos, inclusive no "segundo meio século da vida", que traz amargura para muitas pessoas. "Tenho muitas amigas que detestam ser velhas. Constroem a infelicidade por brigarem com a própria velhice, nadam contra a corrente. Com 83 anos, acho que meu tempo é precioso, não posso gastá-lo sendo infeliz. Procuro ver o que a vida me apresenta, aprendo com as dificuldades e com os erros, sei o que não devo fazer e me obedeço, porque acredito que a gente sempre perde quando briga com a realidade".

III
Caminhos para a felicidade

Perdoar para transformar a raiva e a mágoa

"O perdão deixa a gente leve. Minhas filhas acham que eu vivo em um mundo paralelo, porque sempre procuro pensar positivo, não me zango com ninguém. Prefiro perdoar e deixar passar, como as águas das cachoeiras".

Mágoas e ressentimentos não resolvidos ocupam muito espaço dentro de nós, contribuindo para o adoecer físico, emocional e espiritual. Os acontecimentos passados continuam a ser remoídos, jamais digeridos, às vezes em silêncio, minando os relacionamentos como o cupim que corrói a madeira dos armários, às vezes em explosões periódicas de lamentos e acusações, reativando a dor. "Já fui muito rancoroso, principalmente depois que minha mãe morreu, quando eu era muito novo. Fiquei revoltado, não perdoava quem me aborrecia. Depois, percebi que isso não me trazia coisas boas e fui superando isso. Hoje, sinto que tenho a felicidade dentro de mim".

A pessoa que nos magoa atinge nossas áreas mais vulneráveis: "Às vezes, a pessoa nem sabe que me magoou, eu simplesmente desapareço". Porém, com isso, deixa de aproveitar bons aspectos desse relacionamento. A mágoa não desaparece, continua lá, intoxicando a pessoa. Além disso, perde a oportunidade de propor uma conversa esclarecedora, que poderia restaurar o bom relacionamento. Vale pensar sobre o que podemos aprimorar em nossa expressão de sentimentos e na clareza da comunicação.

Como podemos nos libertar da teia da mágoa? Refletir sobre o circuito das interações pode contribuir para enxergar que o que fazemos influencia o comportamento da outra pessoa e vice-versa. "Percebo que, quando tento entender a pessoa que me magoou, chego a pensar que talvez eu faria o mesmo que ela fez". "Vivi muitos anos magoado com meus pais. Eu me sentia injustiçado, por perceber que eles mimavam meu irmão. Quando fiquei mais maduro, vi o quanto eu contribuía para que meus pais não me oferecessem tantos privilégios, porque eu era muito rebelde e grosseiro com eles".

Aprofundar o autoconhecimento contribui para dissolver a mágoa: O que aconteceu para isso me atingir desse modo? Por que estou dando tanta importância para essa pessoa a ponto de permitir que ela me magoe tanto? Isso abre o caminho para o perdão.

O psicólogo americano Fred Luskin, em seu livro *O poder do perdão*, sugere refletir sobre duas imagens. Na primeira, imaginar que nossa mente é como um apartamento em que podemos ter vários inquilinos: Qual o espaço que escolhemos alugar para a felicidade, a alegria, a esperança, e para a mágoa, o rancor, o ódio? Muitas pessoas alugam a sala e a melhor suíte para a mágoa, e deixam a gratidão e o reconhecimento das coisas boas confinados no quartinho dos fundos.

Na segunda, o autor sugere imaginar que nossa mente é como um aparelho de TV: Qual o canal que selecionamos com mais frequência? Escolhemos o canal da mágoa ou o do perdão e o do bem-estar? Muita gente fica com o controle remoto emperrado no canal da mágoa, incapaz de selecionar os que mostram belas paisagens, entrevistas interessantes, filmes românticos...

Ao afirmar que "guardar rancor faz mal à saúde", Fred Luskin nos estimula a expandir nossa capacidade de perdoar. O perdão é um modo de recuperar nosso poder e nossa liberdade, assumindo a responsabilidade pelo que sentimos, saindo da prisão do passado e das acusações eternas. O que fazemos com o que fazem conosco? Sofrimento eterno não é destino de ninguém.

Experiências difíceis acontecem na vida de todos nós: pessoas nos desencantam, nos decepcionam, fazem coisas que nos desagradam, enraivecem ou entristecem. Sentir tristeza, mágoa e chateação é inevitável, mas vamos ficar pensando ou falando nisso o tempo todo? Vamos atravessar o caminho difícil ou ficar atolado nele, paralisados pela mágoa, pelo rancor ou pelo ódio?

Luskin é muito cuidadoso ao definir o que o perdão não é: não é esquecer algo doloroso que aconteceu, nem desculpar o mau comportamento da pessoa que nos magoou; não é negar o sofrimento e nem ter que se reconciliar com a pessoa que nos fez sofrer. Perdoar é uma escolha que fazemos para sairmos da condição de vítimas do passado, é reconhecer que o sofrimento faz parte da vida (mas não tem que ser eterno), que nem sempre as pessoas fazem aquilo que esperamos delas. Podemos decidir nunca mais falar com o ex-cônjuge que nos maltratou ou com o amigo que traiu nossa confiança, mas, quando eternizamos a mágoa, continuamos a "conversar" com essas pessoas dentro de nós, correndo o risco de desacreditar no amor e na amizade dos demais.

Com o perdão, reconhecemos o passado, mas continuamos a caminhar pelas trilhas da vida apreciando as belas paisagens. Apesar da mágoa e da desilusão, nos esforçamos para perceber e aproveitar o que há de bom.

Ao reconhecer que ninguém é perfeito, conseguimos desenvolver a capacidade de perdoar a nós mesmos, porque também já desagradamos, decepcionamos ou machucamos outras pessoas, fizemos coisas indevidas ou deixamos de fazer algo que deveríamos. Intensificar a autocensura, nos condenarmos à prisão perpétua da culpa é tirar de nós a possibilidade de reconhecer nossos erros, aprender com eles e, dentro do possível, reparar os danos que causamos. Podemos aprender a lidar com o sofrimento e a raiva de modo que seja possível atravessar com mais força as experiências difíceis da vida, ao encontro da paz interior e da construção da felicidade.

Dinheiro traz felicidade?

"Quando eu for adulto, quero ter uma vida simples", disse um adolescente de 13 anos, surpreendendo seus pais. A conversa na mesa do jantar girava em torno de estilos de vida. O pai admite que é consumista, trabalha até altas horas para se dar ao luxo de ter um bom automóvel, viajar com a família para o exterior, morar em um apartamento espaçoso e comprar roupas de marcas famosas. A mãe comenta que deixou de insistir para o filho comprar mais um tênis ou uma camisa nova porque ele sempre diz que não precisa.

Algumas pessoas que entrevistei me disseram que se sentem mais felizes vivendo com simplicidade. "Felicidade é ter poucos bens materiais, escolher um jeito mais simples de viver. Vivo mais com menos. Gosto de ter tempo livre, de dançar forró, de tomar banho de mar". "Com 51 anos, estou na melhor fase da minha vida. Já fui muito infeliz, meu ex-marido era usuário de drogas. Agora, minha vida tem mais alegria do que tristeza. Vou para a praia todos os dias de manhã cedo para caminhar e apreciar a natureza. Não quero ficar me matando de trabalhar. O que eu ganho só dá para pagar as despesas, minha casa é muito simples, não tem televisão nem computador. Mas está bom assim. Tenho amigas que são muito ricas, mas não são felizes. De que adianta ter muito dinheiro?".

Libertar-se das tentações do consumismo e da excessiva valorização do dinheiro é vital para a felicidade de muitos dos entrevistados. "Fico contente com as pequenas coisas. Problemas sempre surgem. A diferença é como os encaramos. Todas manhãs, ao acordar, penso que posso escolher entre me estressar com tudo o que acontecer ou não. O único problema sem solução é a morte. Não me preocupo em juntar muito dinheiro, afinal de contas caixão não tem gaveta! Quando a gente morre não leva nada do que acumulou".

Os altos e baixos da vida podem ser fonte de aprendizagem e de descoberta de caminhos de vida mais satisfatórios: "Passei a ser mais feliz quando perdi tudo, apesar de ser formado em desenho industrial e em publicidade. Foi assim que eu descobri que posso ser feliz com muito pouco dinheiro. Isso aconteceu quando eu tinha 50 anos. Reaprendi a viver, percebi que não existe idade para redescobrir a vida".

Aqueles que aderem ao movimento da Simplicidade Voluntária resistem ao apelo da sociedade de consumo, consideram que tempo é melhor do que dinheiro e conseguem viver mais com menos. É claro que as escolhas que fazemos incluem renúncias. Conheço pessoas que, após anos de dedicação exclusiva ao trabalho, declararam que se sentiram mais felizes quando mudaram a definição de "bom padrão de vida", cortaram despesas que passaram a considerar como supérfluas, decidiram ter mais tempo para a família e para si mesmos, mudaram de profissão e de local de moradia.

O ativista americano Duane Elgin, em seu livro *Simplicidade Voluntária*, define a simplicidade voluntária como um estilo de vida marcado pela simplicidade exterior e pela riqueza interior. Rejeita o consumismo para priorizar o tempo dedicado à família e aos amigos, à contemplação da natureza e ao desenvolvimento da espiritualidade, à busca de fontes não materiais de satisfação e felicidade. É uma escolha feita a partir da consciência de que, na realidade, precisamos de bem menos para viver bem, que a abundância está em nossa mente, na riqueza e no sentido da vida, e não no acúmulo de bens materiais.

O sociólogo polonês Zygmunt Bauman em seu livro *Vida para Consumo* afirmou que a sociedade de consumo é a única na história humana que promete felicidade na vida terrena. A estimulação deliberada de desejos insaciáveis promove um aumento cada vez maior de produtos e serviços para serem consumidos. "Eu nem sabia que precisava disso" até ver o produto exposto nas lojas. Com isso, muitas pessoas procuram aliviar a angústia e a sensação de vazio comprando compulsivamente coisas de que, na verdade, não precisam. Para Bauman, a promessa de felicidade nunca é cumprida, porque a satisfação é passageira, e logo surgem novos desejos: "O caminho da loja para a lata do lixo precisa ser curto". Os desejos insaciáveis estimulam mais consumo.

Ainda há um grande número de pessoas que colocam em segundo plano sua tranquilidade, o tempo de conviver com família e amigos e o cuidado com a própria saúde para batalhar freneticamente para ganhar mais dinheiro do que de fato necessita. Há pessoas que não sabem a diferença entre "eu quero" e "eu preciso", entre o que é essencial e o que é supérfluo. Há muitas fontes de bem-estar em nossa vida que não estão diretamente vinculadas ao ato de comprar.

Ser bem-sucedido é ser feliz?

Para a maioria das pessoas ser bem-sucedido é ganhar muito dinheiro, ter prestígio e reconhecimento profissional. Nos dicionários, encontramos próspero, notável, endinheirado como sinônimos de bem-sucedido. Mas nem sempre ser bem-sucedido significa ser feliz. De que adianta ter uma ótima remuneração e odiar as segundas-feiras porque precisa encarar mais uma semana de trabalho insatisfatório, exaustivo ou terrivelmente estressante? Ser bem-sucedido é quem trabalha com prazer e encontra um sentido maior naquilo que faz. A gratificação financeira pode não ser das melhores: outros tipos de ganho são mais significativos.

"Quero ter uma profissão que me dê muito dinheiro", dizem alguns adolescentes atordoados pela pressão de escolher o curso universitário que definirá sua profissão. Com isso, não exploram mais a fundo seus verdadeiros talentos e mal pensam o que significa passar a maior parte do dia trabalhando em algo que não se encaixa em sua verdadeira essência, apesar do bom salário. Por outro lado, com a preocupação de verem os filhos "bem-sucedidos", muitos pais se opõem veementemente quando os jovens escolhem profissões que não são bem remuneradas no mercado de trabalho. Esquecem que amar o trabalho que fazemos constrói muito mais felicidade do que o "sucesso" ou a "boa remuneração".

Em seu livro *Happier*, o psicólogo israelense Tal Ben-Shahar aborda três maneiras de vivenciar o trabalho: como uma tarefa que precisa ser executada para ganhar dinheiro, pagar contas e cobrir os gastos; como uma carreira que resultará em ficar rico, ter prestígio e alcançar a notoriedade; como uma vocação, em que o trabalho realizado é um fim em si mesmo e dá sentido à vida. Acontece que muitas pessoas ficam escravizadas a padrões de sucesso definidos pela sociedade, ao ponto de viverem a vida como uma sucessão de tarefas e obrigações, sem ter algo a que realmente querem se dedicar com entusiasmo e alegria.

Na mesma linha, o psicólogo americano Fred Luskin, em seu curso sobre a ciência da felicidade na Universidade de Stanford (EUA), diz que há muita gente profissionalmente bem-sucedida que não se sente feliz. Encontrar sentido, ter objetivos de vida e pensamento positivo constrói mais felicidade do que promover a si próprio.

Esse é um dos temas principais que o engenheiro egípcio Mohammed Gawdat aborda em seu livro *Solve for Happy*. Ele não entendia como se sentia infeliz sendo executivo de uma grande companhia americana de tecnologia, bem casado e com dois filhos, sucesso, reconhecimento e ótima remuneração. Decidiu pesquisar um grande número de publicações sobre felicidade e acabou aplicando seus conhecimentos de engenharia para formular a "equação da felicidade": quando os acontecimentos da vida preenchem nossas esperanças e expectativas, ficamos felizes; caso contrário, nos sentimos infelizes. Percebeu que ele, como milhares de outras pessoas, esperava cada vez mais sucesso, dinheiro, reconhecimento. Quando vivemos pensando que o que temos não é o bastante, quanto mais conseguimos acumular mais queremos e, com isso, a insatisfação predomina. É uma ilusão pensar que vamos encontrar a felicidade fora de nós e lutar para alcançá-la.

Saborear os bons momentos

Há muitos anos, criei o hábito de contemplar a beleza. Fotografar a natureza, compartilhar com os amigos e rever essas fotos de tempos em tempos amplia a alegria do momento em que estive nesses lugares. Apreciar o mar, as nuvens e o voo das gaivotas todas as manhãs em que caminho pela areia da praia antes de nadar no mar é um hábito precioso para começar o dia. Sentir a carícia da água no meu corpo enquanto estou nadando, o cheiro do mar. Aguçar meus sentidos ao caminhar pelas trilhas que me levarão a belas cachoeiras: sentir o cheiro da mata, observar a teia da vida a meus pés (os insetos, animais minúsculos, fungos), tocar troncos de árvores para sentir a textura, observar os desenhos das folhas, admirar os efeitos da luz nas pedras e na mata, ouvir os pássaros e o som do vento nas folhas. Ao entrar nas cachoeiras, "limpar a alma" com a massagem que a água que jorra dos paredões de pedra me oferece, sentir imensa gratidão por estar nesses templos da natureza, contemplar a beleza da água contrastando com o verde da mata e a coloração das pedras e sentir a presença de Deus em tudo isso.

Sentir plenamente o cheiro e o sabor das refeições que gosto de preparar, a textura de uma fruta madura, o contato olho no olho e a boa conversa com pessoas da família e com amigos, saborear a leitura de um bom livro, o gosto de escrever um texto e de compor uma música, um abraço aconchegante e uma infinidade de breves momentos que vão tecendo meu modo de ser.

Muitos dos entrevistados disseram que "recarregam as baterias" na natureza. "Trabalho como motorista. Gosto de acordar bem cedo, pegar a bicicleta e ir para a mata para ver a revoada dos pássaros. Isso me faz muito bem. Quando chego mais cedo do trabalho, também vou para lá no fim da tarde para contemplar a natureza". "Ser feliz é acordar de manhã, olhar pela janela do quarto e ver tudo vivo. Sentir o cheiro da mata, não precisar fechar a casa para dormir, ter sensação de segurança, beber água pura. A contemplação permite filtrar o que vale a pena".

Segundo o neuropsicólogo americano Rick Hanson, autor de *O Cérebro de Buda*, nosso cérebro aprende rapidamente a partir de experiências ruins, mas não é tão eficiente para reter o que acontece de bom. Ele diz que, em nossa história evolutiva, nossos ancestrais precisavam ficar muito alertas para os perigos. A qualquer momento, poderiam sofrer o ataque de um tigre ou de uma cobra venenosa e precisavam de ter reações rápidas para lutar ou fugir. Como as ameaças tendem a ter mais impacto para a sobrevivência do que as oportunidades, não era aconselhável ficar distraído por muito tempo para contemplar uma linda paisagem.

Essa tendência para perceber sinais de ameaça e de perigo ficou incrustada em nosso código genético como uma medida protetora para a sobrevivência e a reprodução da nossa espécie. A amígdala – o sistema de alarme do cérebro – é mais ativada pelas experiências negativas. O sistema amígdala-hipocampo registra na memória sobretudo as experiências negativas. Em consequência disso, o cérebro reage mais intensamente às notícias e aos acontecimentos ruins, que ficam gravados na memória. Isso nos torna mais vulneráveis ao estresse, à ansiedade, à depressão e ao sentimento de rejeição.

No entanto, nossa imaginação cria inúmeros perigos e ameaças que não existem na realidade. Pensamentos catastróficos com relação ao futuro, interpretação errônea de sinais que não envolvem riscos reais, relembrar intensamente acontecimentos passados que desencadearam angústia ou medo: tudo isso dispara o sistema de alarme do cérebro e nos prepara para lutar ou fugir (de perigos e ameaças imaginários).

Rick Hanson diz que o cérebro funciona como "velcro" para as experiências negativas e como *"teflon"* para as positivas. O que é ruim é mais forte do que o que é bom. Precisamos de cinco experiências positivas para desfazer uma negativa. Isso significa que, se não prestarmos muita atenção às experiências positivas elas "escorregam" para fora da memória com mais facilidade. Ficamos felizes por um breve momento, mas nem sempre esses acontecimentos ficam efetivamente gravados em nosso cérebro.

Por isso, ele recomenda que, conscientemente, se intensifique a percepção dos bons momentos, não só dos acontecimentos especiais, mas, sobretudo, das pequenas experiências do dia a dia. Os passos são os seguintes: tentar prolongar a duração de experiências e emoções positivas, senti-las com mais abrangência em diferentes partes do corpo com o máximo de intensidade para que seja absorvida (como a água em uma esponja). Procurar usufruir os bons momentos de modo mais pleno é a maneira mais eficaz de contrabalançar a tendência natural do cérebro de registrar prioritariamente as experiências negativas.

Colocar o foco de atenção nas experiências positivas faz com que elas permaneçam na memória e sejam efetivamente registradas dentro de nós. Como tudo isso se manifesta em nossas emoções e em nosso corpo? Prestando atenção aos bons momentos, fortalecemos o olhar de apreciação. Consolidar o hábito de saborear os bons momentos nos permite colecionar um grande "acervo" de experiências positivas instaladas em nosso cérebro do qual podemos dispor no decorrer da vida e, com isso, construir a felicidade e o bem-estar com mais consistência.

Para melhor saborear os bons momentos, convém nutrir curiosidade e encantamento. Em bebês e crianças pequenas isso predomina: exploram com muito interesse o que encontram ao seu redor, apreciam as próprias descobertas. Quando crescemos, acumulamos compromissos e responsabilidades e, muitas vezes, a curiosidade e o encantamento pouco se manifestam. No entanto, são componentes importantes da construção da felicidade. É bom saber que, conscientemente, podemos redescobrir e intensificar o que fluía naturalmente nos primeiros anos de nossas vidas.

"Felicidade é valorizar as coisas boas e descartar as ruins", assim definiu uma das entrevistadas.

A fé que alimenta a esperança

Passar por grandes dificuldades não murcha o sorriso e a esperança de ter forças para superar os obstáculos: "Muita gente me pergunta como eu consigo ficar alegre e feliz passando por tantas provas. Mas meu marido não escolheu ficar doente, com os braços paralisados depois de um AVC. Os problemas precisam ser enfrentados com a cara e a coragem. A fé em Deus é tudo para mim, não só para pedir quando desejo conquistar alguma coisa, mas também para agradecer o que tenho.

Desabafo com Deus as minhas aflições mais do que com meus amigos. Passo por problemas que nem minha família sabe que tenho. Deus me escuta, me compreende e me ajuda".

A crença na existência de outras dimensões da vida, dá forças para encarar o mundo cheio de desafios: "Felicidade para mim é ter vida espiritual, diferente do mundo onde não há paz verdadeira. Em Deus encontro a paz, as pessoas sem Deus vivem sem rumo. Todos os dias rezo pela família e pelo mundo inteiro. Na vida, há momentos ruins e bons, quando o choro vem de madrugada, o sorriso vem pela manhã".

A fé dá sentido para a vida de muitas pessoas e consolida a construção da felicidade e do bem-estar. Para muitos, a confiança em Deus ameniza as preocupações do cotidiano e as incertezas quanto ao futuro. "Tenho pouca renda, às vezes nem dá para pagar as contas. Mas não me preocupo. Deus sempre resolve meus problemas".

Por meio da fé, algumas pessoas conseguem desenvolver o dom de curar, como disse uma rezadeira que entrevistei: "Aprendi vendo minha mãe benzer. Atualmente, só quero benzer criança, porque ainda não tem maldade. Sinto que não posso mais benzer gente com carga muito pesada, que acaba vindo para mim. Quando isso acontece, preciso procurar outra rezadeira para ficar bem".

A fé alimenta, além da esperança, a poesia. Conversei com Airton (51) em Santana dos Montes (MG), quando o vi pintando de branco o meio-fio da praça da igreja.

É funcionário do setor de obras e serviços da prefeitura: "Sou feliz há cinco anos, quando descobri a poesia. Antes, eu nem vivia. Comecei a ler a obra de alguns poetas e, com a fé que tenho em Deus, pedi inspiração. Veio uma luz que eu senti em meu corpo e me arrepiei inteiramente. E, então, começaram a sair os poemas. Atualmente, tenho 1.500 poemas sobre o amor e 200 sobre Deus". Gostei de ouvir os que ele declamou para mim.

Em uma de suas homilias, o Papa Francisco, ao refletir sobre a construção da felicidade, diz: "Ser feliz é achar a força no perdão, esperança nas batalhas, segurança no palco do medo, amor na discórdia". E também: "Ser feliz é parar de sentir-se vítima dos problemas e se tornar autor da própria história. É atravessar desertos fora de si, mas conseguir achar um oásis no fundo da nossa alma. É agradecer a Deus por cada manhã, pelo milagre da vida".

Encontrar sentido no sofrimento

"Quando o corpo padece, a alma cresce", dizia minha querida amiga Esther, que acompanhei até a sua morte, aos 63 anos, em meio a dores intensas provocadas pela metástase do câncer contra o qual lutou bravamente durante três anos. Estive ao lado de pessoas da minha família, amigos e clientes de psicoterapia durante a etapa final da vida em que o sofrimento físico foi intenso e prolongado, mas era contrabalançado por uma visão de que nossa "embalagem" corporal é apenas uma dimensão do nosso ser, cuja existência pode adquirir perspectivas mais profundas por meio do sofrimento.

Pessoas gravemente doentes que conseguem fortalecer a fé e o otimismo propiciam a si mesmas e aos que as cercam momentos de alegria e felicidade, mesmo em meio a sofrimentos atrozes.

A morte é um dia que vale a pena viver é o título do livro escrito pela médica Ana Cláudia Quintana Arantes, que se dedica a oferecer cuidados paliativos para as pessoas que estão no fim da vida, em que muitos profissionais dizem que não há mais nada a ser feito. Ela esclarece que "paliativo" vem de *pallium*, um manto que era colocado nas costas dos cavaleiros das Cruzadas para protegê-los das intempéries. E, nesse sentido, cuidados paliativos significam proteger do sofrimento, tratar do controle dos sintomas aliviando ao máximo o sofrimento físico para cuidar melhor das demais dimensões do sofrimento (emocional, familiar, social, espiritual). Visto dessa forma, há muito a fazer para cuidar de pessoas, mesmo com doenças incuráveis, para que encontrem o sentido mais profundo de sua existência.

Viver a vida em plenitude ao encarar a morte. Fiquei emocionada ao ler o depoimento do neurologista britânico Oliver Sacks, autor de muitos livros para o grande público. Ele escolheu viver cada dia que lhe restou da melhor forma possível, ao ser surpreendido por metástases no fígado, sem chance de cura. Diante disso, conseguiu rever sua trajetória de modo mais amplo e profundo, priorizando o amor, a amizade e a gratidão por tudo que encontrou no caminho. Isso lhe propiciou uma intensa vitalidade, mesmo estando cara a cara com a morte. E o ajudou a se desligar do que não é essencial para se aprofundar no que verdadeiramente importa.

O sofrimento pode conduzir a uma reavaliação de como estamos vivendo e inspirar mudanças significativas, como me disse Ari (62), de Soure, na Ilha de Marajó. "Tive câncer no cérebro, fui para um hospital em São Paulo e ouvi os médicos dizerem que eu não duraria nem cinco meses. Um amigo me levou para uma aldeia ianomâmi, onde passei dois anos aos cuidados do pajé, tomando garrafadas com ervas medicinais. Fiquei curado, e os médicos em São Paulo não conseguiram entender o que aconteceu. Eu trabalhava com compra e venda de imóveis, ganhava muito dinheiro, mas não estava feliz. Resolvi morar sozinho e, como sempre gostei de trabalhar com vendas e de cozinhar, decidi viver uma vida simples fazendo bolinhos de bacalhau para vender na praia. Vou construindo um degrau de felicidade de cada vez, sem pressa, sabendo para onde estou indo, o que quero para minha vida. Depois que passei por tudo isso, a vida é alegria o tempo todo, a tristeza não entra em minha casa".

Fotos de crianças brincando e se divertindo em meio a ruas bombardeadas ou em campos de refugiados mostram a possibilidade de momentos felizes, com alegria e diversão, mesmo em cenários escabrosos em que há perdas pesadas, traumas e muito sofrimento. "A felicidade é uma coisa interna, não vem de fora. Há pessoas felizes com poucos motivos para isso e vice-versa".

Há pessoas que conseguem buscar a leveza mesmo quando passam por experiências muito difíceis. "Cada um carrega uma cruz. Cheguei a passar fome, e um pescador às vezes me dava comida. Eu trabalhava o dia inteiro na rua. Aos poucos fui juntando dinheiro, fiz uma casinha, e depois mais quatro. Sou feliz por ter alegria, coragem e força para construir tudo isso. Sinto muitas dores por conta da artrose e de problemas circulatórios devido ao trabalho pesado de muitos anos. Mas nunca deixei de sorrir e sempre dou comida para quem me pede, porque sei o que é passar fome. Nessa vida, a gente dá com uma mão e recebe com a outra".

Aceitar a realidade de que o sofrimento inevitável faz parte da vida pode nos ajudar e ter força, fé e confiança de que conseguiremos atravessá-lo. A psicóloga russa Sonja Lyubomirsky, em seu livro *A ciência da felicidade*, relata pesquisas que mostram que, em torno de cinco anos após um evento difícil, as pessoas recuperam o grau de felicidade anterior, devido à resiliência e à capacidade de se ajustar às circunstâncias. Menciona até mesmo casos de "crescimento pós-traumático", em que pessoas descobriram forças que nem sabiam que tinham, reavaliaram suas prioridades e passaram a valorizar mais cada dia de suas vidas.

O psiquiatra austríaco Viktor Frankl viveu três anos como prisioneiro em um campo de concentração nazista.

Passou por sofrimentos atrozes e perdeu quase toda a família. Em seu livro, *Man's search for meaning* (*Em busca do sentido*, na edição brasileira) publicado orginalmente em 1946, ele diz que, diante do horror total, resta a última das liberdades: escolher a atitude que tomaremos nas circunstâncias que se apresentam. A vida de todos nós tem significado, mesmo em situações extremamente adversas. A tendência a buscar o sentido da vida é uma grande força motivacional.

A logoterapia, técnica criada por Frankl tem como objetivo ajudar a pessoa a encontrar o sentido de sua vida. Para ele, nada é tão eficaz para sobreviver em condições adversas quanto encontrar o significado da própria existência. Quando não podemos mudar uma situação, podemos mudar a nós mesmos. O sofrimento deixa de ser um sofrimento quando damos a ele um significado. É possível dizer "sim" à vida, apesar de tudo, porque é possível transformar criativamente situações adversas em algo construtivo e significativo, fazendo o melhor possível em quaisquer circunstâncias.

Nesse livro, Frankl afirma que o potencial humano para a mudança permite, entre outras coisas, transformar o sofrimento em realizações, o sentimento de culpa em oportunidade para tornar-se uma pessoa melhor e considerar a finitude como um incentivo para realizar ações responsáveis. Mais importante do que buscar a felicidade em si é buscar um sentido para a própria vida, que conduzirá a uma felicidade mais estável. E o sentido da vida pode ser encontrado não apenas no trabalho, mas também no amor.

Felicidade é encontrar o sentido da vida

Na casa onde nasci e vivi até os 17 anos havia, além de um galinheiro, um grande quintal onde plantávamos frutas, verduras e flores. Lá eu gostava de recolher os ovos e de selecionar penas de galinha que eu transformava em canetas. Fazia uma tinta roxa esmagando sementes de bertalha e a colocava em um pequeno vidro que era usado como tinteiro. Desse modo, brincava de ser escritora.

No início da adolescência, eu escrevia alguns textos para o jornal da escola e muitos outros em cadernos cuidadosamente encapados, usando uma caneta-tinteiro cuja tinta era sempre roxa, como a que eu fazia com as sementes de bertalha. Começava a ficar claro para mim que escrever era parte importante do sentido da minha vida.

Aos 14 anos, decidi ser psicóloga, profissão que estava começando a surgir. Contribuir para que as pessoas vivam melhor com os outros e consigo mesmas também passou a fazer parte importante do sentido de minha vida. E atuar como psicoterapeuta sempre andou junto com minha atuação como escritora. Gosto, sobretudo, de "traduzir" conceitos teóricos complexos e pesquisas refinadas em linguagem simples, que pode ser compreendida não só por profissionais da área como também pelo público em geral, estimulando reflexões que possam ser aplicadas na vida do dia a dia.

Dois casamentos, um casal de filhos, parentes e amigos queridos que participam de minha vida há décadas dão um significado especial à minha vida. Viver meu "segundo meio século" tem me trazido uma serenidade feliz, integrando perdas e ganhos, uma visão mais abrangente de tudo que aprendi, aprendo e ainda aprenderei nos caminhos do tempo que ainda mal vislumbro à minha frente.

Há pessoas que desde cedo encontram um sentido da vida no desenvolvimento de talentos que definem a profissão. "Desde criança percebia que, no mundo, tudo é som. Encontrei na música o sentido da minha vida. Para mim, ser feliz é acreditar em si mesmo. Construímos isso pelo sentir, em primeiro lugar, sendo intuitivo. Felicidade não dá para premeditar nem pensar muito. O sentir vem primeiro".

O trabalho traz realização e sentido para muitas pessoas que entrevistei: "Trabalhar é a maior felicidade! Estou com 74 anos mas só paro de trabalhar quando estou dormindo, comendo e no banheiro, cantando. Trabalho é remédio: quando sinto qualquer mal-estar começo a trabalhar e tudo passa. Quem se concentra no trabalho não pensa nos problemas, porque a vida tem razão de ser. Quem se preocupa muito adoece".

Sentir-se produtivo fazendo o que dá prazer adia planos de aposentadoria: "Enquanto eu tiver duas pernas e dois olhos, não vou parar de trabalhar. Estou com 72 anos e ainda gosto de plantar feijão, milho, batata, cenoura".

Mas há pessoas que encontram o verdadeiro sentido da vida em caminhos bem diferentes da sua área de formação acadêmica. "Trabalhei muitos anos como engenheira agrônoma, mas passei a ser educadora ao coordenar uma ONG que atende crianças cujas famílias estão em vulnerabilidade social. A minha felicidade é ver os olhos das crianças brilhando com os eventos culturais que nós organizamos e perceber que eles estão florescendo, em vez de estarem nas ruas entregando drogas. Nunca imaginei fazer um trabalho como esse. Eu não quis ter filhos, mas agora cuido de um monte de crianças com problemas e encontrei um sentido para minha vida".

Em seu livro *La felicidad humana*, o filósofo espanhol Julián Marías diz que é possível ser feliz em períodos de sofrimento e é possível ser infeliz mesmo quando aparentemente está tudo bem (em termos de dinheiro, sucesso, posição social). Quando não encontramos o sentido da nossa vida, sentimos um vazio e nos entediamos. E, nas palavras do filósofo, "entediar-se é beijar a morte".

Marías critica a tendência atual de identificar a felicidade com o bem-estar. Diz que muitas sociedades criaram condições de proporcionar bem-estar à população, mas isso não significa que as pessoas se sintam mais felizes. A maioria das definições atuais de felicidade inclui o bem-estar, mas esse nem sempre produz felicidade, é apenas um de seus ingredientes. A felicidade não é apenas estar bem, é fazer algo que dê sentido à vida.

Dificuldades, desafios e obstáculos são estimulantes quando sentimos que tudo isso faz parte de nossa missão na vida. É nos tempos difíceis que nossas forças são essenciais. Em seu livro *Felicidade Autêntica*, o psicólogo americano Martin Seligman, um dos fundadores da Psicologia Positiva, diz que é preciso utilizar nossas forças e competências a serviço de algo maior do que nós mesmos para viver uma vida plena. Conseguimos isso quando integramos emoções positivas, engajamento, relacionamentos, significado e propósito. É o que faz a vida valer a pena, independente de alcançar a fama ou de ganhar muito dinheiro.

A alegria de ajudar os outros

Diz um provérbio chinês:

> Se quiser ficar feliz por uma hora, tire uma soneca;
> Se quiser ficar feliz por um dia, vá pescar;
> Se quiser ficar feliz por um ano, herde uma fortuna;
> Se quiser ficar feliz por toda a vida, ajude alguém.

"Fico feliz encorajando as pessoas a verem os aspectos positivos da vida e estimulando-as a serem gratas a Deus pelo que possuem. Sempre tento levantar o ânimo das pessoas. Acho que a própria vida é um presente de Deus". "O que mais gosto é de ajudar no que posso, oferecendo cuidados, companhia ou auxílio financeiro". "Gosto de oferecer um ombro amigo, tento ajudar dentro do que posso, falando sobre o que aconteceu em minha vida".

A alegria de servir aos outros é ingrediente fundamental para a felicidade de alguns entrevistados. "Servir aos outros é fundamental na minha vida, no trabalho, com a família e com os amigos. Na verdade, gosto mais de servir do que de ser servida. Não espero que os outros retribuam o que faço. Quando eu morrer, quero ser lembrada como uma pessoa que estava sempre disponível para servir com alegria".

Alguns líderes de equipes de trabalho abraçam o conceito de liderança servidora, contribuindo para o desenvolvimento das pessoas que lidera. "Fico feliz em ajudar, ouvindo as pessoas que estão com dificuldades. Procuro elevar a autoestima dos outros, inclusive em minha equipe de trabalho, buscando caminhos para resolver conflitos e superar as adversidades".

"Uma fonte de alegria para mim é fazer o bem aos outros. Gosto de me doar. Vou aos asilos conversar com os velhinhos, ajudo os empregados da minha casa e da minha empresa, monto redes de apoio para resolver problemas de pessoas que trabalham muito, ganham pouco dinheiro e sofrem com isso".

Como somos seres sociais, estamos biologicamente programados para ajudar uns aos outros. Cultivar o altruísmo não somente ajuda um grande número de pessoas como também traz benefícios para quem ajuda. Há muitos estudos que mostram que a generosidade nos faz sentir menos estressados, solitários ou deprimidos.

O advogado americano Allan Luks, autor do livro *The Healing Power of Doing Good* ("O poder curativo de fazer o bem"), se especializou em pesquisar os efeitos do trabalho voluntário sobre a saúde física e mental. A pesquisa inicial, que deu origem ao livro, foi feita com mais de três mil pessoas, mostrando que o trabalho voluntário – feito com regularidade, em contato direto com pessoas fora do círculo de família e amigos – traz benefícios para a saúde de quem ajuda. Isso se deve à redução do estresse e ao aumento dos neurotransmissores responsáveis pela sensação de bem-estar e até mesmo de euforia, desencadeados a partir das emoções positivas despertadas pelo ato de estar a serviço dos outros.

O trabalho voluntário assume as mais variadas formas: ajudar imigrantes a se inserir no contexto do novo país, melhorar o estado de ânimo de crianças hospitalizadas (como fazem os participantes da ONG "Doutores da Alegria"), oferecer refeições para quem mora nas ruas, capacitar jovens para o primeiro emprego, e inúmeras outras possibilidades.

A imensa maioria das pessoas que faz regularmente um trabalho voluntário descreve uma sensação de alegria no momento em que está atuando, assim como uma sensação de tranquilidade e de aumento da energia vital após o término. Esses efeitos passaram a ser denominados "o barato de ajudar" (*helper's high*, em inglês). No Brasil, há mais de 40 Centros de Voluntariado na maioria dos estados, onde as pessoas encontram informações sobre locais que precisam da atuação de voluntários dispostos a doar algumas horas de seu tempo e talento para melhorar as condições de vida de pessoas, famílias e comunidades.

Quando ajudamos os outros, ajudamos também a nós mesmos. As pessoas que dedicam algumas horas de seu tempo ao trabalho voluntário sabem que fazer o bem nos faz bem.

"Há muitos anos, dedico boa parte do meu tempo ao trabalho voluntário. Atuei na Pastoral Carcerária, tratava meus presos com carinho, festejava os aniversários, fazia ceia de Natal e tocava teclado para eles. Quem quisesse podia orar o Pai Nosso de mãos dadas comigo. Eu não tinha medo deles, até os ajudava a pintar as celas e conversava muito com eles. Atualmente, visito as reuniões dos Alcóolicos Anônimos para passar boas mensagens", revelou Vó Silvinha, de Vassouras (RJ), cheia de vitalidade em seus 96 anos.

O bioquímico francês e monge budista Mathieu Ricard é considerado "o homem mais feliz do mundo", porque seu cérebro foi profundamente pesquisado pelo neurocientista Richard Davidson na Universidade de Wisconsin (EUA) para ver o que acontece no cérebro de pessoas com intensa prática de meditação sobre compaixão e altruísmo. Nas sessões de ressonância magnética (que registra a atividade cerebral em tempo real), os pesquisadores detectaram no cérebro desse monge uma atividade incomum em áreas do córtex pré-frontal esquerdo, associada à sensação de felicidade e à baixa tendência à negatividade. Em seu livro *Happiness*, o conselho de Ricard para construir a felicidade é: "Pare de pensar: eu, eu, eu". Pensar em nós mesmos o tempo todo é estressante e acaba gerando infelicidade. Para ele, a felicidade é uma maneira de interpretar o mundo: embora seja difícil mudar o mundo, podemos mudar a maneira de olhá-lo. Ele afirma que a felicidade é uma habilidade que pode ser treinada, assim como treinamos nosso corpo para correr uma maratona: é preciso persistência e disciplina.

"Ser feliz é fazer a felicidade de outras pessoas. Gosto de plantar a felicidade na vida de pessoas infelizes".

A felicidade de amar e de cuidar

"Fiquei muito feliz quando soube que minha mulher estava grávida. Foi uma emoção muito grande presenciar o nascimento do meu filho e, em seguida, o momento em que a enfermeira o colocou em minhas mãos. Agora ele está com um ano e meio, é a pessoa mais importante da minha vida. Quando meu filho acorda e me chama de papai eu ganho o dia!".

A maternidade e a paternidade são partes importantes do desenvolvimento pessoal. "Exercitar a arte de ser mãe é a maior escola. O filho mostra o que precisamos fazer para evoluir. Passei a viver no ritmo dele, aproveitando para curtir todos os detalhes do crescimento, desde a gestação. Para mim, isso é ser feliz, caso contrário, viveria estressada. Tudo é oportunidade quando se tem abertura para a mudança, entusiasmo pela novidade. Obstáculos são como trampolim para um novo lugar, para surpresas".

Algumas entrevistadas relatam um amor transbordante com o nascimento dos filhos. "Como pode um serzinho trazer tanta felicidade? Veio para me ensinar o que é ser feliz. Quando eu era adolescente achava que ser feliz era ganhar um tênis de marca, depois vi que isso é apenas um momento de alegria, acaba rápido. Agora, sei que é possível sair com meus filhos para brincar na praça sem um real no bolso e assim mesmo me sentir feliz só por estar ali vendo a felicidade das crianças. Ser feliz é fazer mais por alguém do que pela gente mesmo".

Mesmo quando ter filhos acontece em situações difíceis ou precárias, é possível construir um vínculo sólido. "Minha mãe foi retirante do Nordeste, vendia tapioca na feira. Nós morávamos em um barraco numa favela. Sempre dizia para os oito filhos que precisavam estudar e trabalhar porque, quando formassem uma família, teriam que trabalhar em dobro. Eu consegui comprar a casa em que moro, sou casado, tenho duas filhas e bons amigos. Mas sempre penso nos amigos da favela, quase todos foram mortos pela polícia ou pelo tráfico. Minha mãe sempre nos alertou para o perigo de escolher o caminho errado, sempre se virou para sustentar os filhos e nunca se queixava da vida".

A gestação traz muitas surpresas. Mesmo quando é desejada e planejada, não dá para saber de antemão o que vai acontecer, como será o nascimento, como evoluirá o relacionamento com o bebê. Alegria, preocupação, ansiedade, sensação de plenitude e realização, tudo se mistura em proporções variadas.

As pesquisas em neurociência estão mostrando com muita clareza a influência do relacionamento entre a família e o bebê na formação do cérebro, na saúde e no bem-estar. Na gestação, a grávida está "tecendo uma pessoa". Quando se sente amada, acolhida e bem cuidada, sente-se mais confiante e serena, construindo o alicerce do bem-estar para o ser que está em seu útero.

Nosso cérebro é um "órgão social": desde a vida fetal, estamos programados para nos conectarmos uns aos outros. A qualidade dos relacionamentos desde o início da vida modela as conexões neurais. Como mostra Daniel Goleman em seu livro *Inteligência Social*, vínculos de amor e bons cuidados promovem a saúde física e mental. Por outro lado, relações marcadas por rejeição, raiva e abandono nos adoecem. E os estudos de J. P. Shonkoff, entre outros, mostram que a arquitetura do nosso cérebro é feita "de baixo para cima". Essa base – sólida ou frágil – se forma no período da gestação e dos primeiros anos de vida. Isso terá influência em etapas posteriores do desenvolvimento, na aprendizagem, na saúde e no bem-estar.

Por isso, é tão importante conectar-se conscientemente com o ser que está sendo gestado. A partir de um certo ponto da gravidez, o feto escuta a voz da mãe e os ruídos do interior de seu corpo. Falar e cantar para ele são ações importantes para estabelecer essa conexão. Após o nascimento, todos os órgãos dos sentidos estão ativados para ampliar essa conexão, não só com a mãe, mas também com o pai e outras pessoas da família. Olhar nos olhos do bebê, sorrir para ele, falar com ele (não entende o significado das palavras, mas é sensível ao tom de voz e aos sentimentos transmitidos), acariciá-lo, colocá-lo junto ao corpo para sentir o cheiro, tudo isso é importante.

A vinda de um novo ser transforma toda a família em que "nascem" irmãos, tios, primos, avós. No livro *Como nascem os avós*, o psicanalista José Inácio Parente descreveu o que sentiu quando a filha anunciou que estava grávida: "Fiquei com o riso nervoso de uma felicidade inquieta".

As pequenas ações de cuidar no dia a dia (dar banho, trocar fraldas, amamentar, brincar) fortalecem no bebê a sensação de ser amado e acolhido e essa é uma base sólida para a construção da felicidade e do bem-estar durante toda a vida.

Não é só o cuidado materno que é essencial para o bom desenvolvimento. O cuidado paterno feito com amor também é fundamental no decorrer da infância e da adolescência: "Decidi trabalhar em um lugar tranquilo para cuidar de meus dois filhos, de 9 e 15 anos, que escolheram morar comigo após a separação. Sou apaixonado por eles, são o combustível da minha vida. Para mim, felicidade é ter paz, ver as crianças brincando na rua, sem os perigos da cidade grande".

Além do pai cuidador, em muitas famílias as avós assumem o compromisso de amar e de cuidar. "As pessoas precisam de mim e do meu trabalho, com o dinheiro que eu ganho no bar pago a faculdade da neta, que mora no Rio de Janeiro. Também tenho um neto de 10 anos, que gosta de passar as férias comigo, na tranquilidade do vilarejo em que as crianças brincam à vontade nas ruas. Felicidade para mim é dedicar a vida aos filhos e netos, faço tudo por eles".

Nas diferentes etapas do ciclo da vida, a criança que recebeu cuidados acaba sendo o adulto que oferece cuidados a quem precisa. "Idoso é como criança, a gente precisa cuidar com amor. Cuidei da minha sogra, de duas tias e uma prima do meu marido que estavam doentes, até morrerem. Cuidei também de minha mãe, que ficou 22 dias em coma, até morrer. E um dos meus oito filhos não se desenvolveu bem. Por problemas na coluna, cresceu pouco. Rezei muito por ele e por mim, pedindo força para lidar com essa dificuldade".

Para muitas pessoas, amar e cuidar de animais de estimação é fonte de felicidade: "Adoro o contato com os clientes que frequentam minha barraca nessa praia. Meus pais tiveram dez filhos, morávamos em uma fazenda onde eles criavam animais e plantavam o que comíamos. Mas meu pai perdeu tudo no jogo e morreu em um acidente quando eu tinha dez anos. Nunca me casei, nem tive filhos, sou livre, e adoro os animais. Até hoje choro a morte de Camila, a cadelinha que eu tratava como filha.

Ela adorava beber água de coco e passear no carrinho de bebê para pegar o sol da manhã".

"Meu marido e eu trabalhamos com turismo e fundamos uma ONG que resgata e cuida de animais domésticos e silvestres. Decidimos não ter filhos, e eu me sinto realizada amando os bichos. Não tenho problemas em acordar de madrugada para dar mamadeira a um filhote cuja mãe morreu. Lá em casa, criamos muitos animais que adotamos. Isso dá sentido à minha vida".

Felicidade é construir bons relacionamentos

De Tom Jobim, em sua composição *Wave*:

> Fundamental é mesmo o amor
> É impossível ser feliz sozinho.

Trocas de ideias, desabafos, confidências. Ser ouvido e compreendido alivia o desconforto dos problemas e inspira boas ideias para resolvê-los. Compartilhar experiências de vida ou simplesmente encontrar os amigos para conversas descontraídas é fonte de alegria e contribui para construir felicidade. Os amigos de longa data com quem tecemos relações de confiança e apoio recíproco ajudam a manter a saúde física e mental. Participar de grupos de pessoas com quem temos afinidade e interesses comuns também tece essa teia da amizade que nos traz bem-estar.

"No bairro em que eu moro, as pessoas são muito prestativas, apesar de serem fofoqueiras. Aqui eu encontro amigos verdadeiros, e tenho muito contato com toda a família. Estou grávida do quarto filho, posso conversar com as pessoas sem medo, andar pelas ruas sem medo. É bom parar para conversar com as pessoas. A gente pensa que tem problemas, mas quando vemos os dos outros redimensionamos nossas dificuldades".

Entrevistei muitas pessoas que moram em cidades com até quatro mil habitantes. Algumas resolveram sair das grandes cidades para morar em cidades pequenas com boa conexão de internet que possibilita pesquisar, comprar e entrar em contato com as pessoas. "Aqui, a qualidade de vida é melhor. Encontrei pessoas com mais tempo para conversar, mais amorosas e solidárias. O tecido social está mais preservado. Consegui criar uma ilha de bem-estar e concordo com as pessoas que dizem que eu estou fugindo dos problemas. E estou mesmo, porque o mundo anda muito louco".

"Vivo cada dia com alegria, fazendo o que gosto com amor, porque sem amor não há felicidade. E gosto de me relacionar com a família completa, não só meu marido e nossos cinco filhos (eram seis, mas um deles morreu). Tenho oito irmãs, aprendi com meus pais a conviver com muita gente, e então gosto do contato com sobrinhos, com as famílias dos filhos, todos nós somos unidos e solidários uns com os outros. Quando alguém adoece, sempre tem gente para socorrer. Essas pessoas moram em diversas cidades, e eu gosto de acolher todos, embora a casa seja pequena.

Espalhamos colchões pela sala, para acomodar muita gente, adoro ver a casa cheia. Não precisa de luxo, o que importa é o acolhimento. Minha casa está sempre aberta, gosto do carinho da família".

Fiz algumas viagens à Amazônia com o objetivo de pesquisar projetos de preservação ambiental para escrever *Florestania*, um livro paradidático, cujo tema é a construção da paz com o meio ambiente. Uma dessas viagens foi para Silves (AM), uma pequena ilha no meio de um rio, para conhecer o primeiro hotel de selva gerenciado pela comunidade, que havia se organizado para coibir a pesca predatória e recuperar áreas degradadas. Uma das visitas mais interessantes foi a um centro comunitário bem isolado, com um pequeno salão de festas, um bar e algumas casinhas abertas e vazias. Conversando com a moça que tomava conta do bar, ela me disse que as pessoas que frequentavam o lugar moravam bem longe, e vinham de canoa no sábado à tarde, após uma semana de trabalho duro. Ficavam acordadas a noite toda, colocavam as crianças para dormir nas casinhas abertas e, no domingo, retornavam às suas casas, bem distantes umas das outras. "Aqui, todos se encontram para conversar", disse ela.

O "Estudo sobre o Desenvolvimento Adulto", a pesquisa mais extensa e longa sobre o desenvolvimento humano, teve início em 1938, na Universidade de Harvard (EUA). O atual diretor dessa pesquisa é o psiquiatra americano Robert Waldinger. O que nos mantém felizes e saudáveis no decorrer da vida? Com essa pergunta básica, ano após ano, a vida de 724 homens foi acompanhada a partir do final da adolescência em várias áreas (estudo, trabalho, saúde, vida familiar e social). Alguns deles, já com mais de 90 anos, continuam participando da pesquisa. No início desse estudo, um grupo havia ingressado em Harvard e terminou o curso durante a Segunda Guerra Mundial. O outro grupo vinha de comunidades de baixa renda em Boston, com famílias muito vulneráveis morando em casas precárias.

As trajetórias de vida foram bem diversificadas, tanto no campo profissional, quanto na saúde e na qualidade dos relacionamentos familiares e sociais. Em 2012, o psiquiatra americano George Vaillant, que dirigiu o estudo por mais de 30 anos, publicou *The Triumph of Experience*, um livro sobre as histórias de vida de um grupo de participantes mais longevos.

O que mais se destacou, nesse estudo tão longo e minucioso? Bons relacionamentos nos tornam mais felizes e mais saudáveis. Simples assim.

Na palestra TED sobre essa pesquisa, Waldinger diz que as gerações de pesquisadores aprenderam algumas lições básicas sobre construção da felicidade:

- Os vínculos sociais nos fazem bem, a solidão pode até nos matar – as pessoas mais ligadas à família, aos amigos, à comunidade sentem-se mais felizes, são mais saudáveis e vivem mais tempo. A solidão é tóxica, assim como o álcool e o tabaco: quem vive isolado tende a ser menos saudável, o cérebro deteriora mais cedo e a expectativa de vida é menor.

- A qualidade dos vínculos é importante – embora todos relacionamentos significativos passem por períodos difíceis, relações em que predominam brigas e conflitos crônicos ou em que não há amor prejudicam a saúde física e emocional. Os relacionamentos onde há afeto, cumplicidade e cooperação são protetores.

- Os vínculos duradouros e profundos construídos no decorrer da vida também protegem nosso cérebro. Estar em um relacionamento significativo, em que predominam a confiança e o apoio recíproco mantém a memória e outras funções cognitivas em melhor estado. Isso foi observado no acompanhamento dos que já passavam dos oitenta anos.

A conclusão geral desse estudo é que podemos construir uma vida boa investindo na manutenção de bons relacionamentos. Isso é mais importante do que ter sucesso profissional, fama, dinheiro e poder. Felicidade é ser capaz de amar.

A música *De volta pro meu Aconchego*, de Dominguinhos e Nando Cordel, fala da saudade, da alegria do retorno, do amor que une e nutre:

Me alegro na hora de regressar
Parece que eu vou mergulhar
Na felicidade sem fim

Ser feliz cultivando paciência, empatia e gratidão

"Para ser feliz, busco o que gosto e faço frequentes depósitos bancários na conta da paciência para que nunca fique zerada. Com isso, consigo construir meu bem-estar e resolver os conflitos que surgem em minha atividade como líder de uma orquestra de frevo, com pessoas que apresentam diversos tipos de problemas. Trato de fazer uma boa reserva de alegria e paciência para iluminar os momentos difíceis dos relacionamentos profissionais e familiares. Resolvo os conflitos que surgem ouvindo com atenção, controlo minha irritação sacando da conta da paciência e procurando entender o ponto de vista da pessoa, o jeito como ela percebe a situação. E aí penso em soluções que possam ser satisfatórias".

Cultivar a paciência tem como base o desenvolvimento da empatia. Quando nos colocamos no lugar dos outros para entender seus pontos de vista, ficamos menos críticos e menos irritados. Empatia e paciência transformam a raiva e a intolerância em compreensão e em compaixão. Entendemos que as diferenças não conduzem necessariamente à incompatibilidade. Com isso, abrimos espaço para a paciência e para o fortalecimento dos vínculos, tão essenciais para a construção da felicidade. "Para mim, ser feliz é ter paciência até com quem eu não gosto", disse um adolescente.

Uma das ideias centrais do livro *Born for Love*, de Maia Szalavitz e Bruce Perry, é que nascemos programados para nos conectarmos uns com os outros e que é possível desenvolver a empatia desde os primeiros anos de vida. A observação de bebês mostra que eles tendem a chorar quando presenciam outro bebê chorando e são capazes de imitar expressões faciais. Isso se deve a um determinado tipo de células no nosso cérebro: são os neurônios-espelho, descobertos na década de 1990 pelo neurocientista italiano Giacomo Rizzolatti. A atividade desse tipo de neurônios ajuda a perceber o que as pessoas estão fazendo, sentindo e pensando por meio da "leitura" das expressões corporais. Por conta disso, nos identificamos com a dor ou com a alegria dos outros, sejam pessoas reais ou fictícias, por exemplo, quando choramos ao ver um filme dramático ou ficamos com o rosto e o pescoço enrijecidos em uma cena de terror.

Quanto mais trabalhamos os músculos do corpo, mais eles se desenvolvem. Com as conexões cerebrais acontece o mesmo. Por isso, quanto mais praticamos a empatia, mais seremos capazes de construir relacionamentos de boa qualidade. O desenvolvimento da empatia pode ser estimulado desde os primeiros anos de vida.

As famílias que estimulam nas crianças o hábito de serem gratas estão lançando alicerces sólidos para que elas aprendam a construir a felicidade. "Muito obrigado" deixa de ser apenas uma demonstração de boas maneiras quando dito com a consciência de agradecer o que alguém nos ofereceu ou fez para nós. Cultivar a gratidão solidifica o bem-estar: seja na oração, em que agradecemos o que nos é dado por Deus (inclusive cada dia da nossa vida), ou na conversa da hora de dormir em que lembramos de pelo menos três coisas pelas quais nos sentimos agradecidos. Há adultos que escrevem um "diário da gratidão" para registrar seu agradecimento pelo que a vida lhes proporciona (inclusive os problemas, o que nos incentiva a desenvolver novos recursos para superá-los).

A psicóloga russa Sonja Lyubomirsky, autora do livro *The How of Happiness*, considera que expressar gratidão, admiração e carinho contribui para incrementar a felicidade, assim como ações de gentileza, pensamento otimista, construir e manter bons relacionamentos e cultivar a espiritualidade. Tudo isso é um remédio potente contra a depressão, a ansiedade e o isolamento.

As pesquisas do neurocientista Alex Korb, autor do livro *The Upward Spiral*, mostram que o hábito da gratidão estimula naturalmente a região do cérebro que produz serotonina, dopamina e outras substâncias contidas nos medicamentos antidepressivos. Ele mostra que o nosso cérebro é cheio de circuitos neurais: do prazer, da dor, da tomada de decisões, da memória e muitos outros, que se comunicam entre si. Nós podemos, conscientemente, fazer ações que fortalecem alguns desses circuitos para elevar o nível de bem-estar.

"Na hora em que acordo, agradeço a Deus pelo dia e saio cumprimentando as pessoas sorrindo para realmente desejar o melhor para cada uma delas".

IV

Construindo o bem-estar coletivo

É possível construir o bem-estar coletivo?

O que precisa acontecer para as pessoas se sentirem mais felizes? De 2012 a 2016, as pesquisas sintetizadas no Relatório Mundial de Felicidade apontaram a Dinamarca como o país mais feliz do mundo. A missão do Instituto de Pesquisa sobre a Felicidade (*The Happiness Research Institute*), em Copenhague, é difundir informações sobre os fatores que conduzem ao bem-estar coletivo para que os gestores de políticas públicas atuem no sentido de melhorar a qualidade de vida das populações de diversos países. Segundo o documento "The Happy Danes", organizado por esse Instituto, os principais fatores que levaram a Dinamarca a ocupar o primeiro lugar em felicidade coletiva são: uma sociedade civil forte e organizada, o nível de corrupção mais baixo do mundo, um governo democrático estável que funciona bem e oferece segurança, liberdade, condições de trabalho que possibilitam construir o equilíbrio entre vida profissional e vida familiar, educação e assistência à saúde de boa qualidade, amparo financeiro para doentes, idosos e desempregados. Com esse substrato de apoio, as pessoas se sentem protegidas, sem o medo de um futuro incerto, sem a angústia de cair em desamparo.

No Relatório Mundial da Felicidade de 2017 a Dinamarca ficou em segundo lugar, e a Noruega passou a ocupar o primeiro. Pediu-se a cerca de mil entrevistados em 155 países que marcassem em que posição se encontravam, em uma escada numerada de zero a dez, em que dez significa a melhor vida possível e zero a pior. Em 2016, Brasil estava na posição 17, mas em 2017 passou para a posição 22, refletindo a decepção e a preocupação com o cenário político e econômico, marcado pelo clima de incerteza. Os países com mais baixo índice de felicidade estão em zonas de guerra e escassez de recursos.

Por que há países e cidades em que as pessoas reportam maior grau de felicidade e de bem-estar? Nas últimas décadas, muitos líderes em diversos países estão interessados em avaliar o índice de bem-estar coletivo, e não apenas o crescimento econômico.

Na década de 1970, o rei do Butão, um pequeno país do Himalaia, criou o índice "Felicidade Interna Bruta" (FIB), em contraposição ao Produto Interno Bruto (PIB), índice criado em 1934 e adotado como medida convencional de desenvolvimento dos países, que não leva em conta a satisfação das pessoas com a vida, e se concentra no cálculo dos bens e serviços produzidos anualmente. O PIB não mede o bem-estar coletivo.

Posteriormente, a Organização das Nações Unidas (ONU) expandiu o conceito de FIB como forma de medir o bem-estar coletivo, integrando o desenvolvimento material, cultural e espiritual, distinguindo nove categorias:

- Bem-estar psicológico (satisfação com a vida, autoestima, nível de estresse);
- Saúde (recursos de assistência, padrões de nutrição, exercícios físicos);
- Uso do tempo (deslocamento entre a casa e o trabalho, equilíbrio entre vida profissional, social e familiar);
- Vitalidade comunitária (a rede de relacionamentos na comunidade, vínculos afetivos, de confiança e segurança, ações de voluntariado);
- Educação (qualidade de ensino formal e informal, educação em valores, desenvolvimento de competências);
- Cultura (tradições culturais, festas tradicionais, desenvolvimento de talentos artísticos);
- Meio ambiente (acesso a parques e áreas verdes, percepção sobre a qualidade do ar e da água, coleta de lixo, saneamento);
- Governança (cidadania participativa, percepção das ações do governo e do judiciário, segurança pública);
- Padrão de vida (renda pessoal e familiar, orçamento doméstico, qualidade de moradia).

Em 2012, a ONU escolheu a data de 20 de março para comemorar o Dia Internacional da Felicidade, para enfatizar a importância da construção da felicidade por meio da inclusão social e do equilíbrio entre crescimento econômico, desenvolvimento ambientalmente sustentável e bem-estar coletivo.

Susan Andrews, uma psicóloga americana radicada no Brasil, em seu livro *A ciência de ser feliz*, sintetiza a visão de especialistas em Economia da Felicidade que mostram que, após o ponto em que as necessidades materiais básicas estão atendidas, as políticas públicas precisam mudar o foco de PIB (crescimento econômico) para FIB (satisfação com a vida).

Um artigo de Adler e Seligman (2016) sustenta que os indicadores de progresso social precisam cada vez mais nortear as políticas públicas. A ciência do bem-estar coletivo está suficientemente desenvolvida para complementar as avaliações da economia dos países para que seja possível integrar prosperidade econômica e social. Esses autores esclarecem que, atualmente, o conceito de bem-estar refere-se não só às emoções positivas como também ao desenvolvimento das pessoas em diversas áreas da vida. No nível individual, o conceito de bem-estar subjetivo (outra denominação para felicidade) engloba a predominância de afetos positivos, a baixa incidência de emoções negativas e satisfação geral com a vida. As pesquisas revelam que as pessoas com alto índice de bem-estar subjetivo (felicidade) são mais saudáveis, vivem mais e melhor, são mais generosas e cooperam mais com os outros.

Entre as políticas públicas voltadas para a construção do bem-estar coletivo destacam-se: centros comunitários que oferecem atividades interessantes e promovem a interação que fortalece laços sociais entre pessoas de várias faixas etárias, facilidade de acesso em calçadas e meios de transporte para pessoas idosas ou com dificuldade de locomoção, creches e educação infantil de qualidade para dar o apoio necessário a pais trabalhadores, treinamento em habilidades socioemocionais para crianças e adolescentes nas escolas, para construir um convívio mais saudável com seus pares.

O historiador israelense Yuval N. Harari, em seu livro *Homo Deus*, examina a tendência de pensadores modernos considerarem a busca da felicidade como um projeto coletivo e não apenas individual. Para que a felicidade (ou bem-estar) seja acessível ao maior número possível de pessoas, é preciso planejamento dos governos para garantir acesso à saúde, educação, segurança e economia razoavelmente estável.

Quem vive em países ricos é mais feliz?

"Dizem que a felicidade não é desse mundo. Será que alguém consegue ser feliz vendo tanta desgraça ao seu redor?".

O Relatório Mundial de Felicidade 2017 (*World Happiness Report*) mostra que ter um trabalho é um fator muito importante na avaliação da felicidade em todas as regiões do mundo. As pessoas desempregadas avaliam seu bem-estar subjetivo de modo muito menos favorável. Os danos provocados pelo desemprego persistem mesmo após a pessoa conseguir se recolocar no mercado de trabalho. Além disso, altos índices de desemprego nos países afeta negativamente quase todos (família, amigos), até mesmo os que estão empregados, criando o temor de perder seu posto de trabalho, o que reduz o índice de bem--estar coletivo.

Ter um trabalho é importante na avaliação do bem-estar subjetivo não só pelo aspecto financeiro, mas também pelas relações sociais, organização do cotidiano e metas de vida.

O "Paradoxo de Easterlin" é um dos conceitos mais tradicionais da chamada Economia da Felicidade. Richard Easterlin é um economista americano que, na década de 1970, observou que, embora a renda dos Estados Unidos tenha tido um aumento regular entre 1946 e 1970, a média de felicidade reportada pelas pessoas pesquisadas não aumentou na mesma proporção e chegou até a diminuir entre 1960 e 1970.

A conclusão foi que o aumento da riqueza de um país nem sempre torna as pessoas mais felizes. Quando as necessidades básicas (alimento, saúde, moradia, segurança, transporte, entre outras) são atendidas, um aumento significativo da renda não resulta em aumento do bem-estar coletivo.

Alguns pesquisadores confirmaram esse paradoxo, mas um estudo publicado em 2016 apresentou uma perspectiva diferente. Três psicólogos – Shigehiro Oishi (Universidade de Virgínia, EUA), Selin Kesebir (London Business School) e Ed Diener (Universidade de Illinois, EUA) – analisaram os dados de 34 países correlacionando crescimento econômico, desigualdade de renda e índice de felicidade. Descobriram que, nos países em que o crescimento econômico não produzia aumento da felicidade, havia uma significativa desigualdade na distribuição de renda na população. Nos países em que havia mais justiça social, o aumento da riqueza gerava aumento da satisfação com a vida.

Portanto, o crescimento econômico por si só não é suficiente para aumentar o bem-estar da população. A distribuição de renda de modo mais justo é o grande diferencial.

Atender as necessidades da população de baixa renda oferecendo produtos e serviços de boa qualidade a preços acessíveis tem sido a preocupação de alguns economistas que passaram a inspirar empresários para fazer ações que promovam a melhoria da qualidade de vida dessas comunidades, movimentando a economia local. O indiano C. K. Prahalad, doutor em Administração pela Universidade de Harvard (EUA) e autor de *A riqueza na base da pirâmide*, aponta para a necessidade de considerar que 70% da população mundial é pobre e pode ser melhor atendida com produtos e serviços direcionados para o que efetivamente precisam.

O economista bengali Muhammad Yunus, autor de *Criando um Negócio Social* atua na mesma direção. Fundou o Banco Graamen de microcrédito para estimular o empreendedorismo. Com isso, milhares de pessoas conseguiram sair da pobreza extrema, gerando seus próprios negócios de acordo com suas habilidades. Posteriormente, passou a dar consultoria a empresas para construir negócios sociais autossustentáveis, voltados para resolver problemas das comunidades como, por exemplo, a venda de painéis solares a baixo custo ou de celulares em regiões remotas. Nesse modelo de negócios, sucesso não é medido pelo lucro financeiro obtido. Os empreendimentos bem-sucedidos são os que trazem benefícios para a qualidade de vida das pessoas e contribuem para a melhoria do meio ambiente.

Em 2015, a ONU lançou a Agenda 2030 para o Desenvolvimento Sustentável. O compromisso, assumido por 193 países, é cooperar para atingir 17 grandes objetivos, entre os quais erradicar a pobreza extrema, acabar com a fome e promover a agricultura sustentável, reduzir a desigualdade dentro dos países e entre eles, promover a prosperidade e o bem-estar para todos.

"O urgente desafio de proteger a nossa casa comum inclui a preocupação de unir toda a família humana na busca de um desenvolvimento sustentável e integral", escreveu o Papa Francisco em sua encíclica *Laudato Si*, em 2015. Ele recomenda que nosso contato com a natureza seja por meio da admiração e do encanto, para vivenciar a experiência de união com tudo o que existe. Como tudo está interligado, "exige-se uma preocupação pelo meio ambiente, unida ao amor sincero pelos seres humanos e a um compromisso constante com os problemas da sociedade". E afirma que é preciso "revigorar a consciência de que somos uma única família humana. Não há fronteiras nem barreiras políticas ou sociais que permitam isolar-nos e, por isso mesmo, também não há espaço para a globalização da indiferença".

A estreita relação entre pobreza e fragilidade do meio ambiente é claramente expressa nesse texto, quando faz a ligação entre a degradação ambiental e a degradação humana e ética. Isso dá margem ao "convite a procurar outras maneiras de entender a economia e o progresso, o valor próprio de cada criatura, o sentido humano da ecologia, a necessidade de debates sinceros e honestos, a grave responsabilidade da política internacional e local, a cultura do descarte e a proposta de um novo estilo de vida".

O Papa Francisco enfatiza que não há duas crises separadas: uma ambiental e outra social. Há "uma única e complexa crise socioambiental. As diretrizes para a solução requerem uma abordagem integral para combater a pobreza, devolver a dignidade aos excluídos e, simultaneamente, cuidar da natureza". Isso conduz a uma redefinição do que é o progresso: "Um desenvolvimento tecnológico e econômico que não deixa um mundo melhor e uma qualidade de vida integralmente superior, não pode ser considerado progresso".

O Relatório Mundial de Felicidade 2016 (*World Happiness Report*) aponta as semelhanças entre as metas propostas pela Agenda 2030 e pela encíclica *Laudato Si*. Os dois documentos enfatizam a necessidade de um compromisso coletivo para promover o bem comum, integrando metas econômicas, sociais e ambientais e não apenas a meta de crescimento econômico. Portanto, construir o bem-estar coletivo depende do tripé prosperidade econômica com consumo consciente, inclusão social e sustentabilidade ambiental.

V

Palavras finais

É possível aprender a ser mais feliz!

No decorrer da pesquisa teórica e de campo que empreendi para escrever esse livro, aprendi muito com tudo que li e com as pessoas com quem conversei sobre construção da felicidade. O convívio com minha família e com os amigos que me acompanham há décadas me proporcionam inúmeras oportunidades de construir felicidade e bem-estar. Aprendo também com as pessoas que atendo há mais de 40 anos como psicoterapeuta, com quem me procura para conversar após as palestras, com os leitores que me escrevem, com os grupos dos quais participo em trabalhos voluntários. Aprendo a cada momento da vida, com seus desdobramentos tantas vezes imprevisíveis. Sinto profunda gratidão por tudo e todos e espero ter contribuído e continuar contribuindo para inspirar pessoas a serem mais felizes, encontrando sentido em suas vidas.

Nessas palavras finais, quero destacar algumas reflexões particularmente importantes:

- Não "encontramos" a felicidade: nós a construímos. É um trabalho pessoal com relação a nossas ações, atitudes, escolhas e qualidade de pensamento.
- Ser feliz é uma habilidade que pode ser treinada.
- Felicidade não é ausência de problemas. O estado consistente de felicidade serena pode ser mantido mesmo quando enfrentamos perdas e dificuldades.
- Não há uma única definição de felicidade e nem um só jeito de ser feliz. As pesquisas e as pessoas que entrevistei descrevem vários tipos de felicidade: buscar prazer e fazer o que gosta; envolver-se com o trabalho, criação de filhos, relacionamentos afetivos; encontrar na vida um propósito significativo no qual aplicamos nossas competências.
- Há muitas maneiras de construir insatisfação e infelicidade: valorizar o que falta e não o que temos; cultivar queixas, reclamações e cobranças; nutrir pensamentos de descrença; imaginar que sempre acontecerá o pior; remoer sofrimentos passados; alimentar mágoa e rancor; pensar somente em si mesmo.
- É possível treinar a mente para cultivar estados positivos que conduzem à felicidade (amor, compaixão, paciência, generosidade) com o objetivo de neutralizar os "venenos mentais" (ódio, inveja, ganância, frustração), que perpetuam o sofrimento.

- Bons relacionamentos nos tornam mais felizes e mais saudáveis. A solidão é tóxica, assim como o álcool e o tabaco: quem vive isolado tende a ser menos saudável, o cérebro deteriora mais cedo e a expectativa de vida é menor.
- Construímos felicidade saboreando os bons momentos, observando a beleza, nutrindo a curiosidade e o encantamento pela vida, cultivando a empatia e o altruísmo.
- Expressar gratidão, admiração e carinho contribui para incrementar a felicidade, assim como ações de gentileza, pensamento otimista, cuidar bem dos relacionamentos e cultivar a espiritualidade. Tudo isso é um remédio potente contra a depressão, a ansiedade e o isolamento.
- Em 2012, a ONU escolheu a data de 20 de março para comemorar o Dia Internacional da Felicidade, para enfatizar a importância da construção da felicidade por meio da inclusão social e do equilíbrio entre crescimento econômico, desenvolvimento ambientalmente sustentável e bem-estar coletivo.

Referências

ADLER, A.; SELIGMAN, M. E. P. "Using wellbeing for public policy: Theory, measurement, and recommendations". *International Journal of Wellbeing*, 6(1), 1-35, 2016.

AIVANHOV, O. M. *La Clef Essentielle pour résoudre les problèmes de l'existence*. Fréjus: Prosveta, 1992.

ANDREWS, S. *A ciência de ser feliz*. São Paulo: Ágora, 2011.

ARANTES, A. C. Q. *A morte é um dia que vale a pena viver*. São Paulo: Leya, 2016.

ARTHUS-BERTRAND, Y. *Humanos*. Depoimento mencionado disponível em: <https://www.youtube.com/watch?v=w0653vsLSqE>.

BARROS, M. *Livro sobre nada*. Rio de Janeiro: Alfaguara, 2016.

BAUMAN, Z. *Vida para consumo*. Rio de Janeiro: Zahar, 2008.

BEGLEY, S. *Train your mind, change your brain: how a new science reveals our extraordinary potential to transform ourselves*. Nova Iorque: Ballantine Books, 2008.

BEN-SHAHAR, T. *Happier: learn the secrets to daily joy and lasting fulfillment*. Nova Iorque: McGraw-Hill, 2007.

CARVALHO, V. *Poemas e Canções*. São Paulo: Saraiva, 1965.

CENTROS DE VOLUNTARIADO NO BRASIL. Disponível em: <http://www.facaparte.org.br/?page_id=622>.

CHILDLINE – ONG. Disponível em: <https://www.childline.org.uk/>.

DALAI LAMA e CUTLER.H. *A arte da felicidade*. São Paulo: Martins Fontes, 2003.

DE NEVE, J.-E.; WARD, G. "Happiness at work". *In: World Happiness Report*, 2017. Disponível em: <http://worldhappiness.report/ed/2017/>.

ELGIN, D. *Simplicidade Voluntária*. São Paulo: Cultrix, 2012.

FIELD, T. *Touch*. Cambridge, MA: The MIT Press, 2003.

FRANKL, V. E. *Man´s search for meaning*. Boston: Beacon Press, 1959.

_____. *Em busca de sentido*. Tradução. Petrópolis: Vozes, 2008.

FUTURE LEARN, *Mindfulness for Wellbeing and Peak Performance*. Curso *on-line* disponível em: <https://www.futurelearn.com/courses/mindfulness-wellbeing-performance>.

GAWDAT, Mo. *Solve for happy: engineer your path to joy*. Nova Iorque: North Star Way, 2017.

GOLEMAN, D. *Inteligência social*. Rio de Janeiro: Campus, 2007.

HANSON, R. *O cérebro de buda: neurociência prática para a felicidade*. São Paulo: Alaúde, 2012.

HARARI, Y. N. *Homo Deus*. São Paulo: Cia. Das Letras, 2015.

HELLIWELL, J.; LAYARD, R.; SACHS, J. (Eds.). *World Happiness Report*, 2016 – Relatório Mundial de Felicidade, texto completo disponível em: <http://worldhappiness.report/wp-content/uploads/sites/2/2016/03/HR-V1_web.pdf>.

KABAT-ZINN, Jon. *Wherever you go, there you are*. Londres: Pyatkus, 1994.

_____. *Mindfulness for Beginners: reclaiming the present moment and your life*. Boulder, CO: Sounds True, 2012.

KORB, A. *The upward spiral*. Califórnia: New Harbinger Publications, 2015.

LYUBOMIRSKY, S. *The how of happiness*. Nova Iorque: Penguin Books, 2009.

_____. *A ciência da felicidade*. Rio de Janeiro: Elsevier, 2008.

LUKS, A.; PAYNE, P. *The healing power of doing good*. Nova Iorque: iUniverse, 1991.

LUSKIN, F. *O poder do perdão*. São Paulo: W11 editores, 2002.

MAIL ON-LINE - Matéria sobre a pesquisa de 30 anos de trabalho. Disponível em: <http://www.dailymail.co.uk/news/

article-3387885/Generation-sad-lonely-children-Social-media-
-triggering-plague-low-self-esteem.html>.

MARÍAS, J. *La felicidad humana*. Madri: Allianza Editorial, 1987.

MCMAHON, D. *Happiness: a history*. Nova Iorque: Atlantic Monthly Press, 2006.

MIND AND LIFE INSTITUTE. Disponível em: <www.mindandlife.org>.

MONTAGU, A. *Touching*. Nova Iorque: Harper & Row, 1978.

ONU – Agenda 2030 para o Desenvolvimento Sustentável, 2015. Disponível em: <https://nacoesunidas.org/pos2015/agenda2030/>.

ONU – Dia Internacional da Felicidade, 2012.

PAPA FRANCISCO. *Encíclica Laudato Si*, 2015. Disponível em: <http://w2.vatican.va/content/francesco/pt/encyclicals/documents/papa-francesco_20150524_enciclica-laudato-si.html>.

PARENTE, J. I.; DELORME, M. I. *Como nascem os avós*. Rio de Janeiro: Multifoco, 2016.

PARK, B. J.; TSUNETSUGU, Y.; KASETANI, T.; MYIAZAKI, Y. "The physiological effects of Shinrin-yoku (taking in the forest atmosphere or forest bathing): evidence from field experiments in 24 forests across Japan". *Environ Health Prev. Med.*, p. 18-26, jan. 2010.

PESSOA, F. *Poesias Inéditas (1930-1935)*. Lisboa: Ática, 1955.

_____. *O livro do desassossego*. São Paulo: Brasiliense, 1986.

PRAHALAD, C. K. *A riqueza na base da pirâmide*. Porto Alegre: Bookman, 2006.

RICARD, M. *Happiness*. Londres: Atlantic Books, 2007.

SACKS, O. "Minha vida: um neurologista diante da morte". *Folha de São Paulo*, São Paulo, 5 fev. 2017. Disponível em: <http://www1.folha.uol.com.br/ilustrissima/2015/02/1592347-minha-
-vida-o-neurologista-diante-da-morte.shtml>.

SELIGMAN, M. *Felicidade autêntica*. Rio de Janeiro: Objetiva, 2004.

SEPPALA, E. *The happiness track*. São Francisco, CA: HarperOne, 2016.

SHONKOFF, J. P.; BOYCE, W. T.; McEWEN, B. S. "Neuroscience, molecular biology, and the childhood roots of health disparities: Building a new framework for health promotion and disease prevention", *JAMA, 301*(21), p. 2252-2259, 2009.

SZALAVITZ. M.; PERRY, B. *Born for love: why empathy is essential and endangered*. Nova Iorque: Harper Collins, 2010.

TED – Palestra com a médica geriatra Ana Cláudia Quintana que presta assistência a pessoas no final da vida. Disponível em: <https://www.youtube.com/watch?v=ep354ZXKBEs->.

THE INSTITUTE OF HAPPINESS RESEARCH. *The happy danes: exploring the reasons behind the high levels of happiness in Denmark*. Copenhague, 2014. Disponível em: <file:///C:/Users/Maria%20Tereza/Downloads/TheHappyDanes%20Webedition.pdf>.

VAILLANT. G. *The triumph of experience: the men of the Harvard grant study*. Cambridge: The Belknap Press of Harvard University Press, 2012.

WALDINGER, R. Palestra TED sobre o Estudo Grant, a mais extensa pesquisa sobre construção da felicidade. Disponível em: <http://www.ted.com/talks/robert_waldinger_what_makes_a_good_life_lessons_from_the_longest_study_on_happiness?utm_source=newsletter_weekly_2016-01-02&utm_campaign=newsletter_weekly&utm_medium=email&utm_content=talk_of_the_week_button>.

YUNUS, M. *Criando um negócio social*. Rio de Janeiro: Elsevier, 2010.

Esta obra foi composta em CTcP
Capa: Supremo 250g – Miolo: Pólen Soft 80g
Impressão e acabamento
Gráfica e Editora Santuário